重现经典

重现经典
编委会

主编　陈众议

编委　[排名不分先后]

陆建德　余中先
高　兴　苏　玲
程　巍　袁　伟
秦　岚　杜新华

On Quality
良 质
An Inquiry into Excellence
一场对卓越的探究

Robert M. Pirsig
Wendy K. Pirsig

[美] 罗伯特·M.波西格 著
[美] 温蒂·K.波西格 编
王梓涵 译

On Quality: An Inquiry into Excellence by Robert M. Pirsig
Copyright © 2022 by Wendy Pirsig
Preface copyright © 2022 by Wendy Pirsig
Published by arrangement with Mariner Books, an imprint of HarperCollins Publishers.
Excerpts from Lila: An Inquiry into Morals by Robert Pirsig
copyright © 1991 by Robert Pirsig
Used by permission of Bantam Books, an imprint of Random House, a division of Penguin Random House LLC.
All rights reserved including the rights of reproduction in whole or in part in any form.
Simplified Chinese edition copyright © 2024 BEIJING ALPHA BOOKS CO., INC.

版贸核渝字（2023）第044号

图书在版编目（CIP）数据

良质：一场对卓越的探究 /（美）罗伯特·M.波西格著；（美）温蒂·K.波西格编；王梓涵译. — 重庆：重庆出版社, 2024.6

书名原文: ON QUALITY: AN INQUIRY INTO EXCELLENCE

ISBN 978-7-229-17834-5

Ⅰ.①良… Ⅱ.①罗… ②温… ③王… Ⅲ.①罗伯特·M.波西格—文集 Ⅳ.①C53

中国国家版本馆CIP数据核字（2023）第210963号

良质：一场对卓越的探究
LIANGZHI YICHANG DUI ZHUOYUE DE TANJIU
[美]罗伯特·M.波西格 著　[美]温蒂·K.波西格 编　王梓涵 译

策　　划：华章同人
出版监制：徐宪江
责任编辑：彭圆琦
营销编辑：史青苗　刘晓艳
责任校对：刘小燕
责任印制：梁善池
书籍设计：潘振宇 774038217@qq.com

重庆出版集团
重庆出版社 出版
（重庆市南岸区南滨路162号1幢）
北京盛通印刷股份有限公司　印刷
重庆出版集团图书发行公司　发行
邮购电话：010-85869375
全国新华书店经销
开本：850mm×1168mm　1/32　印张：4.25　字数：65千
2024年6月第1版　2024年6月第1次印刷
定价：52.80元

如有印装问题，请致电023-61520678
版权所有　侵权必究

致

吉姆·兰迪斯

重现经典编委会推荐语

近世西风东渐，自林纾翻译外国作品算起，已逾百年。其间，被翻译成中文的外国作品，难以计数。几乎每一个受过教育的中国人，都受过外国文学作品的熏陶或浸润。其中许多人，就因为阅读外国文学作品而走上文学创作的道路。比如鲁迅，比如巴金，比如沈从文。翻译作品带给中国和中国人的影响，从文学领域渗透到社会生活的各个方面。从某种意义上可以说，是翻译作品所承载的思想内涵把中国从古老沉重的封建帝国，拉上了现代社会的轨道。

仅就文学而言，世界级的优秀作品已浩如烟海。有些作家在他们自己的时代大红大紫，但随着时间的流逝而湮没无闻，比如赛珍珠。另外一些作家活着的时候并未受到读者的青睐，但去世多年后则慢慢被读者接受、重视，其作品成为文学经典，比如卡夫卡。然而，终究还是有一些优秀作品未能进入普通读者的视野。当法国人编著的《理想藏书》1996年在中国出版时，很多资深外国文学读者发现，排在德语文学前十位的作品，竟有一多半连听都没有听说过。即使在中国读者最熟悉的英美文学里，仍有不少作品被我们遗漏。其中既有时代变迁的原因，也有评论家和读者的趣味问题。除此之外，中国图书市场的巨大变迁，出版者和翻译者选择倾向的变化，译介者的信息与知识不足，时代条件的差异，等等，都会使大师之作与我们擦肩而过。

自2005年4月始，重庆出版社大力推出"重现经典"书系，旨在重新挖掘那些曾被中国忽略但在西方被公认为经典的文学作品。当时，我们的选择标准如下：从来没有在中国翻译出版过的作家的作品；虽在中国有译介，但并未得到应有重视的作家的作品；虽然在中国引起过关注，但由于近年来的商业化倾向而被出版界淡忘的名家作品。以这样的标准选纳作家和作品，自然不会愧对中国广大读者。

随着已出版书目的陆续增加，该书系已引起国内外读者的广泛关注。应许多中高端读者建议，本书系决定增加选纳标准，既把部分读者熟知但以往译本存在较多差误的经典作品，以高质量重新面世，同时也关注那些有思想内涵，曾经或正在影响着社会进步的不同时期的文学佳作，力争将本书系持续推进，以更多佳作满足不同层次读者的需求。

自然，经典作品也脱离不了它所处的时代背景，反映其时代的文化特征，其中难免有时代的局限性。但瑕不掩瑜，这些作品的文学价值和思想价值及其对一代代读者的影响丝毫没有减弱。鉴于此，我们相信这些优秀的文学作品能和中华文明继续交相辉映。

丛书编委会修订于2010年1月

CONTENTS

PREFACE Bob's Quest — 014

INTRODUCTION "The Right Way" — 032

PART 1 Quality — 050

PART 2 Values — 066

PART 3 The Metaphysics of Quality — 078

PART 4 Dharma — 100

PART 5 Attitude — 120

目录

前言 鲍勃的追求   014

介绍 "正道"   032

第一部分 良质   050

第二部分 价值   066

第三部分 良质形而上学   078

第四部分 达摩法   100

第五部分 态度   120

罗伯特·M. 波西格在马萨诸塞州剑桥市的查尔斯酒店。1991年。
摄影：GARY GUISINGER

PREFACE
Bob's Quest

Wendy K. Pirsig

前言
鲍勃的追求

温蒂·K. 波西格

那是1980年一个寒冷的新年之夜。夜幕降临后，我和我的丈夫罗伯特·波西格（即鲍勃）把车停在了内华达州卡森城附近的一家赌场门口。我们从旧金山出发一路向东，去参加鲍勃的儿子克里斯的葬礼。六周前，年仅二十三岁的克里斯在一次街头抢劫中被枪杀了。

赌场以低廉的价格为我们提供了一顿体面的晚餐，让我们的心情多少好了一些。鲍勃与他的第一任妻子于1954年结婚，他们结婚那年在雷诺的一家赌场做庄家的美好回忆此刻再次涌上了他的心头。

那天晚上，由于假期已经结束，那家赌场十分冷清，很是安静。鲍勃决定去玩基诺，一种有时也被称为"中国彩票"的游戏，他二十六年前就总玩这个。他拿起特制的中国毛笔和墨水，在一张基诺牌上标出了克里斯托弗的拼写。基诺是一张薄薄的方形新闻纸，上面用橙色方块标示出数字。他用自己依旧很熟悉的手势画出了一些看起来像小船帆的记号。

"当我还是基诺庄家的时候，我总是在坐庄时做些小标记，作为寻找良质的一种方式。"他说道。

在窗口处，有个可爱娃娃脸的年轻柜员用她的毛笔照着我们的基诺牌誊写。像鲍勃一样，她在数字上方画了个小三角形。她写了个$1.00，这是她独有的标记方式，代表我们玩的游戏种类，然后又写下了一个9，这是标记的点数。她非常友好地冲我们笑了笑。我们想要赢五万美元，结果输了，但我们的心情却比刚来的时候好多了。

在回旅馆之前，我们在赌场又多站了一会儿，观察21点的发牌人。他们发牌的时候动作很熟练，得心应手，看的时间长了有种催眠的作用。

"就像基诺庄家一样，人人都能在工作中找到自己的良质。"我们离开赌场时鲍勃说。

他经常像这样不经意间说出自己的观点，满脑子想的都是良质。

鲍勃于2017年去世。他去世五年后这本书才得以出版。这本书旨在讲述他毕生作品中的某些中心主题，比如良质，这个概念在他出版的诸多作品中有时会被提及，但有时也会被掩盖，因为他对骑摩托车穿越美国西部、发动机维修、精神健康危机和父子关系等方面的阐述太过精彩，没有机会让良质这个概念闪耀其独特的光辉。

良质永存不朽

在《禅与摩托车维修艺术》的开头，鲍勃选择引用了柏拉图的一句名言："什么是好，斐德洛，什么又是不好——

我们需要别人来告诉我们答案吗？"不需要，鲍勃的意思是，我们不需要任何人告诉我们答案。因为答案就围绕在我们身边，在不断地引导着我们，实际上答案就是我们自己，而我们也清楚这一点。

"很好""棒极了"，以及其他表示"良质"的词在哲学思维，特别是在西方的学术领域中，都被详尽地研究过。而在对良质形而上学研究发展的过程中，鲍勃以一个全新的角度，将良质置于存在的中心。在这个存在的中心里，通常科学会将物质置于核心位置。另外，他还探索和研究了其他几个术语，比如价值，以及源于古希腊的词语——卓越 (aretê)。

鲍勃选择研究"良质"大概是从1960年开始的，当时是由他的一位教授大学英语的同事偶然提出来的。鲍勃学的是哲学专业，曾参军当兵去了朝鲜，后来去了印度旅行。在他看来，良质是全球两大哲学体系的潜在统一者。他希望在课堂上能利用它来指导学生们的写作。

但他逐渐发现，哲学推论并不是我们与良质的唯一联系。价值观指导着我们人类以及所有生物的每一个行动、每一种思想和每一次冲动，每时每刻，永不停息。所以，不需要，我们不需要去问任何人，因为我们的价值观随处可见。

想想看：良质对每个人来说都是不言而喻的。为了证明这一点，你可以把它想象成摆在眼前的美食或美酒。当你伸手去拿这美味的食物或美酒时，感受它的品质，或者想象最让你沉醉的美妙音乐，或者想象你看到你所爱之人时的感受，想象爱人的触摸。或者想象一下从痛苦中解脱出来的轻松和释然。在他的第二本书《莱拉：一场对道德的探究》(以下简称《莱拉》)中，鲍勃举了一个坐在热火炉上热得跳开的例子：

> 任何人，不论是哪种哲学流派的信徒，只要让他坐上一个滚烫的炉子，用不着任何睿智的辩论，他就会承认自己处于无可否认的劣质的境况之中。他的窘境带给他的价值是负面的。这个低劣的品质绝不是什么模糊的、头脑混乱的、地下信仰式的形而上抽象概念。它是经验，而不是对经验的判断，或者对经验的描述。这个价值本身就是经验。

当鲍勃开始探索这个课题时，他试图激励他的学生们利用自己与生俱来的写作能力和感觉，而不是让他们去猜作为教授的鲍勃想要他们做什么。他在课堂上探索了各种方法，以向学生表明，他们的确能够认识到自己以及彼此在写作中的良质,从而开启了学生们对价值的感悟。

鲍勃开始确信"良质"不仅仅是所有生物和所有经验所共有的,它遍布整个世界。整个自然界,包括我们每个人,实际上都是由良质构成的。

然而,良质的核心重要性很容易被人们忽视。

回到热火炉这个例子上来,他指出,这个烧到自己的科学实验"是完全可预知的"。在《莱拉》中他还写道:"它是完全可预知的,任何人只要愿意都可以验证它。它是可复现的,在所有的经验里,它是最清楚不过、最不容易弄错的。随后这个人可能对这个低劣的价值进行咒骂,但是,一定是价值在前,咒骂在后。没有低劣的价值感受在前,咒骂也不会随之而来。"

但我们并不认为这是价值。当我们咒骂着跳上跳下时,我们看到的是一个滚烫灼热的火炉。《莱拉》认为人类有一个"文化上陈陈相因的盲点"。我们知道良质,并不断地体验它,但我们却并没有认识到它究竟是什么。

为什么良质的重要性如此难以察觉?生物进化出了一种高度的"自我"意识或主体意识,就像透镜一样,通过它来解读所有的现实,解读"他人"或客体。我们磨炼出的保护个人生命的能力使我们产生了一种与其他人和事物相分离的感觉。这一切都与良质有关,但我们通常却不这么看。

通过体验式修习佛教，尤其是鲍勃离开教学领域后修习多年的曹洞禅[1]，可以解决"盲点"的问题。在禅宗以及大部分佛教中，良质/佛并不被认为是同一个概念。相反，修习者们探索了一些古老的方法，如冥想、咒语和幻视等，以实现"不二"[2]、"涅槃"，以及对"佛"、"法"(达摩)、"宇宙秩序"(ta)和许多其他概念的描述和定义。概念实际上是对这一认知理解的障碍，在对这一认知的理解过程中，主体和客体之间的分界被消解了。鲍勃的理论向更多佛教和其他东方传统教派的大师们提出了挑战，让他们在教授过程中融入良质的普世经验。

在《禅与摩托车维修艺术》一书中，他也看到了人们对什么事物具有"良质"总是意见不一。这个问题，以及人们在真正化解主体和客体分界时所遇到的困难，都是《莱拉》里讨论的主题。《莱拉》提出了静固良质和跃动良质的概念，以及一种形而上学理论，作为这一问题和困难的解决方案。

认识到良质这个概念很重要吗？鲍勃认为很重要。对

---

1 曹洞禅：曹洞宗与法眼宗、云门宗、沩仰宗、临济宗是禅宗的五大宗派。以曹山宝积寺为祖庭，至今已有一千多年的历史。曹洞宗以良价和本寂为宗祖，曹洞宗之宗风主要体现在"君臣五位""接引三路""三种渗漏"说之中。

2 不二是佛教用语，意思为无彼此之别，出自《佛学大辞典》："一实之理，如如平等，而无彼此之别，谓之不二。"

此，我并没有什么看法。毕竟人们无须从理性方面理解"良质"，就能从滚烫的火炉上跳下来，就连像伸手去拿食物、寻找伴侣或者呼吸这样的事情，也无须想到"良质"，但鲍勃认为，重要的是要给"良质"应有的地位和评价。正如他在《莱拉》中所写的那样："当你把良质作为世界最本原的经验实在时，从这一假定出发，万事万物将变得极其融洽——难以置信地融洽。"

我们可以提出这样一个问题：以理性推理为基础的学术哲学家有能力以这种方式统一世界吗？大多数有传统宗教信仰的人想要这么做吗？毕竟大多数学者都不是神秘主义者，而大多数神秘主义者都不是学者。但如果没有认识到主体和客体不能分离，就没有人能真正理解"良质"。正如禅宗和其他类似传统宗教的修习者们的证明——你要真想去领悟这种境界是极其困难的——不要刻意地去悟，而是追求顿悟。鲍勃非常清楚这一点。那么他所探索的课题是毫无结果和希望的吗？

这本书写的是什么

本书的目的是让新老读者了解鲍勃对以良质为基础的一种世界观的探求和研究。除了《禅与摩托车维修艺术》和

《莱拉》这两本书的节选以外,本书还提供了鲍勃以前从未出版且在其他地方写的关于"良质"的文章和举例,以及他对"良质"含义的理解。

鲍勃对"良质"的探索始于1961年,当时他三十二岁,在蒙大拿州教授大学英语,那个时候他的哲学思想已然成形和巩固。这里有一段话写于他开始写书的很多年前,见于鲍勃写给西部各州大学教师的信,内容是关于教师如何鼓励学生们在学习过程中发现"良质"。1962年初,他突然离开芝加哥大学,因精神分裂症在伊利诺伊州唐尼退伍军人管理医院住院,在住院期间写下了大量的笔记和记录。

本书包括一些鲍勃写给读者的信件,还有采访(特别是在《莱拉》出版后的九十年代初),以及对诸如由罗纳德·L. 迪桑托和托马斯·J. 斯蒂尔合著的《禅和摩托车维修艺术指南》(Guidebook to Zen and the Art of Motorcycle Maintenance,1990年)等其他作品的摘录;还有丹·格洛弗编著的《莱拉的孩子》(Lila's Child,2002年)文集中的一些内容。

鲍勃很少公开露面,但也罕见地在一些场合现身过,这些在本书中也有所描述。比如1975年,他在为建造明尼苏达禅修中心的筹款活动上做了一次演讲;1992年,他在人本主义心理学协会的一次会议上发言;1995年,他在布鲁塞尔自由大学向来自世界各地的艺术家和科学家发表演讲，提出将"价值"或"良质"作为宇宙的基本组成部分，这样可以帮助科学家们解决现代物理学中许多不可调和的理论问题。

细心的读者可能会注意到这里"良质"(Quality)一词的拼写有矛盾之处，有时首字母用大写，有时用小写。事实上，在鲍勃的第一本书里，"良质"的首字母用的都是小写"q"。当他写《禅与摩托车维修艺术》时，他开始使用大写的"Q"，只在定义更明确且指传统意义的"质量"时用小写。当他写《莱拉》时，他把后者称为静固良质，包括"所有片面的、僵固的价值模式"。而"跃动良质"则代表"发生在理智之前的实在的前锋，是万事万物的源泉"。这些节选片段通常保留了各自原文中所使用的大写或小写字母。

本书分为五个部分："良质"——介绍鲍勃所探索和发现的"良质"核心重要性；"价值"——从《禅与摩托车维修艺术》中引出主题的核心；"良质形而上学"——《莱拉》中阐述的哲学体系；"法(达摩)"——从印度教、道教和佛教中撷取出的与跃动良质的相似之处；"态度"——通过慈(metta，佛教用语)或西方所称的"爱"，来寻求非二元论(不二论)的本质。读者可能会发现文章中的每个例子都极具挑战性。在此希望大家记住的是，每一个例子都是鲍勃努力克服的困难，这些困难从哲学诞生之初就一直困扰着思想家们，而且用正常的理性思维是根本无法解决的。

罗伯特·M. 波西格的故事

鲍勃的生平和作品以松散的时间顺序呈现，贯穿于《良质》整本书中。虽然《禅与摩托车维修艺术》是虚构的，但它追溯和回忆了鲍勃的大部分生活，包括1968年的一次真实的摩托车旅行。《莱拉》除了帆船和形而上学以外，大部分是虚构的，情节持续时间也很短。因此，或许写一篇简短的传记是合适的，所以在这里，我想将鲍勃的生平简短总结一下。

罗伯特·M. 波西格1928年出生于明尼阿波利斯市，父亲是梅纳德·波西格，母亲是哈丽特·乔贝克·波西格。梅纳德是一个农村男孩，后来成为明尼苏达大学法学院的院长，是一位备受尊敬的法学教授；哈丽特是大学毕业生，年幼时遭受过虐待，生活坎坷。波西格夫妇养育了三个孩子。罗伯特的父母分别出身于二十世纪初的德国和瑞典移民家庭，他们是鲍勃早期的读者和对弈者，也是为鲍勃取得的成就而欢喜庆祝的人，不过有证据表明他们之间的感情很脆弱。在他十岁时，鲍勃接受了一次智力测试，结果显示他的智商名列前茅。

鲍勃在十五岁时被明尼苏达大学化学专业录取，但最终没能顺利毕业。1946年，他应征入伍。后来他在文章里写道——这是他一生之中许多"停滞不前"导致眼界和思维拓宽的例子之一。他跟随部队坐火车到了韩国，走下火车，看到附近的山上覆盖着白茫茫的雪，美丽而新奇，完全是另一番景象，反映出一种完全不同的文化，令他欣喜若狂。"我四处走了走，感觉就像身在香格里拉，"多年后他回忆道，"我想我当时应该是哭了。我呆呆地盯着屋顶，想知道是什么样的文化建造了那样的屋顶。"他说："那一天的所见所想让我开始关注亚洲的一切。"

两年后鲍勃退伍，之后他在明尼苏达大学获得了哲学学士学位，接着于1950年前往印度，在贝拿勒斯印度大学深入研究印度教哲学。他发现物质和文化上的冲击让他很难受，于是开始缺课，心情也陷入抑郁，体重急剧下降。他的美国朋友兼同学约翰·普罗特救了他。普罗特来自俄克拉荷马州，而且一直在练瑜伽。约翰找到了一位养了一头水牛的人，后者愿意每天把他的水牛带到鲍勃家，并为他提供新鲜的牛奶。约翰拿牛奶和燕麦片一起煮粥，照顾鲍勃，直到他的精神转好，体重也恢复正常。后来约翰在贝拿勒斯印度大学获得了博士学位，成为马歇尔大学的哲学教授，并撰写了共五卷的《全球哲学史》。鲍勃在印度几乎陷入绝境的经历，让他开阔了心胸和视野，领悟到了在课堂上收获不到的见地。

后来鲍勃回到明尼苏达州完成新闻学硕士学位，并在此时遇到了他的妻子南希·詹姆斯。1954年，他们一起踏上了穿越美国西部和墨西哥的旅程。鲍勃在一家赌场工作，闲暇时写小说，并试图建造一艘远洋帆船。当他们回来的时候，已经有了两个儿子，克里斯和泰德。

鲍勃发现自己更适合技术写作，而不是给报纸写文章。1959年，他接受了位于蒙大拿州博兹曼市的蒙大拿州立学院的教师的职位，效仿他父亲迈出了通向学术生涯的一步。

但是鲍勃不像他父亲那样适合教书。多年后，他回忆起自己每天早上走路去上班时心里总是惴惴不安，有些怯场，甚至害怕到了生病的地步。但他非常在乎对学术理想的追求，不仅致力于教学，还分析专业的学习课程和经验——他当学生时就经常纠结于学习经验，而现在当了老师，他还是为此而烦恼。为什么总是有学生来找他，想知道他对作业的要求是什么呢？他应该跟他们说什么呢？他真的很想知道。为什么不告诉他们，他们就不知道呢？

有一天下午的课结束后，他在蒙大拿州立学院教学楼思考这些问题的时候，他的一位受人尊敬的资深同事莎拉·温克碰巧路过，来给植物浇水，她友好地对鲍勃说："我觉得你应该给你的学生们讲讲良质。"

良质！这就是他想要教的东西。良质正是他想要学生们在论文里探讨的东西——他们无法给良质一个确切的定义，但良质始终围绕着他们。

于是他研究出一套课堂教学方法，要把他对良质的理解和领悟教授给他的学生们。他开始和他的同事们讨论这个课题，尝试取消分数，并把所有讨论的内容写下来。

但鲍勃越是思考"良质"的重要性，越觉得他要唤醒的不仅是他的学生和教导学生的人，还包括那些让他获得学位的学术派哲学家，也就是所有人。他想要颠覆人类的思想，想要把"良质"带入文明意识的中心。

1961年，鲍勃离开蒙大拿州，开始在芝加哥大学攻读博士研究生，并涉入了这个国家最具挑战性的学术项目之一，但他发现自己的理论和想法几乎没有进展。迫于经济上的压力，他开始在芝加哥的一所社区大学教书，同时被繁重的博士课程所累，他的博士研究课题是"寻求其与事物的理性关系来定义良好"，他再次发现自己陷入绝境了。他躲回自己的家里，无法工作，无法学习，甚至到最后都无法说话了。很久以后，他几乎不记得自己随后在芝加哥和明尼苏达州接受过住院治疗和电击疗法。

但他仍记得良质。当然，他跟我们所有人一样，都亲身体验过良质。他也从失败的创伤中走了出来，将目标和欲望剥离，并意识到"良质"超越了定义，超越了自我与他人，也超越了主体与客体。他一直在思考如何解释它。

二十世纪六十年代，鲍勃回到明尼阿波利斯，投身于工业圈，开启了长达二十年的自由职业技术作家生涯。他的工作涉及的领域多种多样，为医院、面粉加工厂、大型计算机和海军国防等各种公司和行业服务，提供丰富的技术支持。他多次表示，技术写作让他为《禅与摩托车维修艺术》做好了充分的准备，就像自己拥有了一辆摩托车，并亲自维护一样重要。他当然也这么做了。

同时他还扩展了自己对东方宗教的了解，并领悟到这些了解可以让他对非二元性理论有更深的理解。这种非二元性理论跟他在芝加哥崩溃时的经历很相像。1957年，他在明尼苏达州的斯蒂尔沃特市参加了一个关于印度哲学的会议，会议由他来自印度的朋友约翰·普罗特以及曾师从印度教神秘主义者拉玛娜·马哈希的玛卡莱斯特学院教授大卫·怀特主持。大卫的妻子贝弗利·怀特曾在日本师从安谷白云大师学习禅宗。

同样在这次会议上，鲍勃遇到了大卫·怀特以前的学生——一个名叫约翰·萨瑟兰的社工。

约翰和鲍勃展开了一段友谊，并多次结伴骑摩托车旅行，包括1968年与约翰的妻子思薇雅和鲍勃的儿子克里斯一起越野旅行。转年夏天，鲍勃和他的小儿子泰德又骑着摩托车进行了一次长途旅行，去了哈德逊湾的曼尼多巴的丘吉尔。

贝弗利·怀特在家里组织了一个禅修小组，名为zazen（坐禅）。1972年，他们邀请了曾在旧金山禅修中心协助过铃木俊隆大师的片桐大忍来指导。明尼苏达禅修中心成立，片桐大忍大师担任住持，鲍勃和南希·波西格夫妇，以及十几岁的克里斯和泰德都是该中心的成员。片桐大师是鲍勃的禅宗启蒙老师。

那时，鲍勃已经有写一本关于摩托车保养手册的打算，他一直想把这部作品出版，并将其与在蒙大拿州自行车之旅的记录，以及他很久以前在博兹曼和芝加哥工作时对禅宗的认识结合起来。在被121家出版社拒绝后，他找到了一位支持他的编辑——威廉·莫罗出版社的詹姆斯·兰迪斯，于1974年出版《禅与摩托车维修艺术》，结果获得了意想不到的成功，赢得了全世界的广泛赞誉和大批读者。

随后鲍勃着手写一部关于良质的续作，中心内容围绕着一个问题：为什么人们对什么有良质而存有分歧？为了躲避突如其来的名气，他买了一艘名为"阿雷特"的帆船，离开了明尼苏达州，从五大湖到加勒比海，穿行于大西洋海岸，最后漂洋过海来到英国，一路一边工作，一边旅行。

1979年，克里斯在旧金山学习禅宗时被谋杀。由于失去爱子的痛苦阴影，《莱拉》直到1991年才出版。而此时南希和鲍勃已经离婚了。我和鲍勃在欧洲生活、航行了五年，我们的女儿妮尔在荷兰出生。

鲍勃让我开始终生修习坐禅，我们最终在缅因州的南伯威克定居下来。我们最初相识时，我还是一名自由记者，为一篇专题报道采访他。那篇文章我一直也没写成，但在我们一起生活的四十多年里，我密切关注他对良质的思考。就像我们那天晚上在内华达州的赌场玩基诺一样，我们时不时会想起我们两人与"良质"的关系。他写书的目标是提高人们对良质中心地位的认识，这也是促使我写这部简短作品的原因。

鲍勃花了几十年的时间写作,其中的过程十分艰辛。《莱拉》是在他六十多岁时出版的,之后他考虑过写其他作品,但都没有实现。他晚年的主要工作就是维护我们的家、维护他的那条船,还有他那辆骑了一辈子的摩托车。

在人生历经挫折之后,鲍勃非常享受他的书出版后获得的成功。正如一些哲学家所指出的,他们也向西方哲学和科学提出挑战,对"良质"进行研究,并力图让世人不再认为良质是个模糊且没有任何价值的概念。本书的目的就是提醒人们认识到这一挑战。

这本书可以从任何一页打开,并从头到尾、从始至终地向读者展示作者生活中的一些真实事例,并从中为大家提供一些新视角。本书也旨在努力引导读者在思维上取得一定的进步。读了这本书你会对"良质"有更多的了解,希望你们能喜欢它。

在这本书中,你们会了解它的。

INTRODUCTION
"The Right Way"

介绍
"正道"

通向《禅与摩托车维修艺术》的漫漫长路

1974年5月20日,《禅与摩托车维修艺术》出版不久,罗伯特·M.波西格在明尼阿波利斯艺术与设计学院为学生们做演讲。以下是那些讲话的文字记录(首次发表)——为了表达更清晰,特做了一些轻微的改动。

我想谈谈我的创作过程。我的创作媒介是书,确切地说,是一本书。其他人利用各种不同的媒介工作,但我认为我的创作过程和你们所经历的并没有太大不同。因此我说的一些东西也许对你们来说可能有些意义和价值,当然价值不会太高,因为每个人的情况都各有不同,每个人的问题也不尽相同;但从另一个意义上说(这是一个矛盾)——每个人都有同样的情况,也都会遇到同样的问题。

关于创作的过程,我想谈谈两本书。第一本是我从没写过的书,第二本是我写过的书。我想对比一下这两者——写过的书和没写过的书,谈谈这两本书是如何成形的。并且通过对比这两本书,试着了解和阐释一些概念,阐明一些道理,或者在这一过程中发现一些有用的东西。

第一本书没起过名字,当然也没有写出来,但它将会是一本伟大的书。我和妻子刚结婚时,住在内华达州里诺市。我们当时在一家赌场做庄家——在内华达俱乐部，我负责基诺牌，她负责轮盘，我们打算努力赚钱、存钱。我们住在一辆廉价的拖车里，尽可能地多攒钱。我们发现，打败这些赌场的唯一办法就是为他们工作，并尽可能多地从中获利，然后离开那里，如果可以的话，一分钱都不要花在赌博上。然后我们打算去一个生活成本非常低的地方，比如墨西哥，在那里住下来踏实安心地写一本完美的书。

于是我们在赌场干了八个月。大概在1953年或是1954年，我们最终攒了3400美元，这在五十年代可是一笔巨款。我们以"鲍比·麦基"[1]的方式搭顺风车，一路穿过内华达州进入南加州，跨过亚利桑那州向南进入墨西哥，然后在墨西哥边境坐了三等巴士，穿过墨西哥城，途经韦拉克鲁斯，一路向南进入墨西哥的丛林，来到一个叫阿卡尤坎的小村庄。

在阿卡尤坎我们弄到了些纸，买了一支派克51钢笔，准备开始写一部伟大的著作。一开始我找了个很不错的房间，温度合适，光线也合适。这里气候宜人，因为已经是秋天快要入冬了。我找了把舒服的椅子坐下，大约十五分钟后，一切都准备就绪，我对自己说："嗯，也许应该先出去走一会儿。"于是我在村子里转了一圈，遇到了形形色色的人，跟当地人聊了会儿天，然后对

---

[1] 鲍比·麦基出自1971年的珍妮丝·乔普林的歌曲《我与鲍比·麦基》。

自己说:"嗯,不错,挺有意思,现在该回去写书了。"于是我转身回去,出去一趟大概花了一两个小时。开始时真的有些泄气,虽然不愿,但不得不承认,也许我大老远到这儿来的目的永远也无法实现了。

所以我在写书和其他事情上磨磨叽叽,拖延了大约一个星期。一个星期过去了,我仍是什么都没写。我逐渐意识到,自己犯了个严重的错误。我所设计的一切,我为来到这里所做的一切都是错的,这是一个错误的选择。我做得很糟糕。就在这时,我突然产生了一个想法:"嗯,我要造一艘船。"这是我当时想到的最妙的主意,因为这个想法让我放弃了写作。

我抱着坚定的信念和不屈不挠的韧劲投入造船的计划中。我发现,一星期只要花上十二美元就能雇到一个训练有素的木匠,而上好的纯红木价格只有十二美分一英尺。我们的房子离一个河边小镇很近,于是接下来的六个月我一直都在专心地造船。到最后船也没造出来,不过我的车库里还有些木料,也许有一天,我还会回去继续造船的。

这就是我的第一本书写作的背景。不过我认为重要的是写书的过程,是写书的那段经历和时光。花费了那么多的精力和努力,到最后却一无所获,这是一次巨大的挫折和阻碍。

好了,作为对比,我要谈谈我的第二本书,名叫《禅与摩托车维修艺术》,这本书的创作环境跟前者相比则完全不同。

我曾经是一名写作老师——尽管我从来没有写过任何东西，并且当时我一直在苦心思考关于"良质"的一些想法和理念，结果最终被送进了精神病院。从精神病院出来后，我就没有资格从事教学工作了——事实上，我没有资格从事任何工作。我来到明尼阿波利斯的街头，开始一个接一个地找工作。鉴于我当时的情况，和我交谈的人都非常友好，他们非常鼓励我，但他们知道他们帮不了我什么，因为他们要尽可能雇用最优秀的人来为他们工作。一旦你有精神疾病的记录，你就不能成为他们雇用的最佳人选。他们会对这种有精神疾病背景的人感到害怕。因此我经历了一段非常抑郁而低落的时期。最后，一家公司意外忘了问我的身体情况和就医记录，于是我在那家公司找到了一份工作。

那家公司叫北方齿轮泵公司，即后来的北方法令公司。《禅与摩托车维修艺术》里的很多东西都是在北方齿轮泵公司学到的。这是一家很厉害的老公司。那里的工具和模具制造师和机械师都是真正的艺术家，如果你想知道他们究竟有多厉害，去那家公司工作，亲眼看看就知道了。他们制造工具和模具的参数非常有限，没有太多的选择，必须遵照蓝图，但他们的工作非常严谨，造出来的产品跟蓝图非常契合——而且精确无比。

对于这些"良质"的选择，我觉得有时是艺术范畴所独有的，有时也存在于科学技术当中。这就是我在北方齿轮泵公司里领悟到的东西。这家公司被人称为世界上最大的机械车间，事实上的确如此。整个机械系统都是人工制造完成的，最后工人们要拿着带浮石的布，小心翼翼地除去最后的百万分之一英寸。总之，我在那里找到了一份工作，成了一名技术作家。我非常努力地工作，并试图把我之前的一些想法运用到现在的工作中。这是我对美国中产阶级生活的一种融入。曾经我一直对此表示反对，并激烈对抗，而现在我却尽自己一切所能融入其中，努力成为一个有用的人。我认为这非常重要。

我觉得我做得很好。我后来又在Fabri-Tek公司工作了一段时间，然后去了一家名为世纪出版的公司，成了一名签约技术性文章写手。这是个在别人因工作超负荷而倒下的时候被用来顶上的职位。有时他们习惯把我们这样的人叫作"租借身体的人"，或者"凯利小子"。事实上，当公司突然接了个合同，却没有足够的技术类写手能完成这个活儿时，我们就会立刻被招来，急速完成工作，然后离开公司。我们的报酬很高，而且自由度很大，这种日子其实还蛮不错，对于一个熟练的技术作家来说是个很舒心的工作。从1966年到1968年，这期间我一直在做这个工作。

1968年春的一天，我坐在数据控制中心的办公室里，写着关于波塞冬导弹计算机的文章，忙得不可开交，身心俱疲。但我心里很高兴，因为我刚刚修好了一辆摩托车。于是我在办公室里做起了白日梦："哎呀，我真希望能写一篇关于我是如何修理好摩托车的小文章,这和抽象的思想与禅宗的宗教理念没有什么大的区别。"我的朋友约翰·萨瑟兰有一辆摩托车,我们经常在乡下骑着这辆车到处跑。他一直在给我讲一本叫作《禅与射箭艺术》的书。我注意到他的哈雷摩托车打火的声音不对,当时我想,他真正需要的不是一本关于禅宗和射箭艺术的书,而是一本关于禅宗和摩托车维修艺术的书。而后来的一切就是从这里开始的。

我要强调的是,当这个想法冒出来的时候,我并没有任何准备。它的产生是出于我身处的环境和自身情况,而不是出于我有意坐下来写作的愿望。我并没有脱离我正在做的事情。这个想法是由我正在做的事情而产生的。

我在明尼苏达大学有位叫艾伦·塔特的老师。他在大学里教授诗歌,是个非常有名的人物。我曾去过印度,并从印度带来了一篇自认为非常美妙的文章。文章写的是一个印度人在工作的时候经常和乌鸦说话。我精通印度斯坦语,所以我能听懂那个印度人在说什么,于是把他说的一些话记录了下来。我想我可以就此写一篇精彩的故事。当我写完的时候,我几乎热泪盈眶,因为我觉得文章写得太美了。于是我把它交给了艾伦·塔特,期待着他看完后会报以大大的微笑,没想到他的回答却是:"你为什么要写这种神乎其神的东西?"他说,"要写你了解的东西。如果你写的是你熟悉的,且亲身体验或深刻了解的,比任何人都了解的,那对其他人来说就是神乎其神、与众不同的。"任何读过《禅与摩托车维修艺术》的人都知道,这本书完全符合神乎其神、与众不同这个定义。我个人对此是很熟悉的,但对其他人来说绝对是标新立异。

好了,现在回到原先的话题。我一有了写这本书的想法,就开始付诸行动。这只是一本内容简单,且用有点儿调侃打趣的语气写的一本关于禅宗和摩托车维修艺术的书。我原以为一开始要花两三个星期的时间,但当我着手的时候,我清楚地意识到,这里包含着一些非常深刻的问题。首先,你不可能真正把话题从禅宗迅速转移到摩托车维修上来。在你转换话题之前,你会发现其中有非常多且麻烦的潜在问题,而且转换难度也越来越大。就这样渐渐地,我开始发现,我遇到的难题比想象的要多,话题也更为深刻,因此要写好这本书更加任重道远。

于是我坐下来,强迫自己想出一种方法把脑子里正在迅速扩散的想法记录下来。一般来说,如果写一篇简短的文章或一篇小论文,你会先列一个提纲,但我发现当你开始写长篇大论的时候,提纲会被迅速画掉,甚至无济于事。我在写技术性文章的过程中学会了一种特别的列提纲方法,那就是把每个想法都写在一张单独的纸条上,然后把所有的纸条进行比较,看先写哪个。所以我的提纲总是在一沓纸条上,一张接着一张地写。这只是一种技巧,你可能会说它是一个花招,但我认为这是一种技巧,它能使禅宗和摩托车维修艺术不仅拥有更多的复杂性，而且脉络清晰，并保持整体性和统一性。我读过的作品评论里似乎都认为这是一种独具创新的方法，系统性很强，深刻且全面。在这一点上，我几乎跟一个会计一样具有创造力。我只是把想法写在纸条上，然后把它们进行比较，但这种特殊的方式有很多好处，让我能够在写作过程中拓展观点和内容，能够随时对文章结构进行重组。因此可以说我有一个十分灵活的大纲，能够让我的文章随着我对理论的不断深入了解而阐释得更加详细且深刻，也使我的思维能够不受任何限制。我可以自由地抛掉已有的想法，然后重新开始，一遍又一遍地修改，始终都有新的想法。我敢肯定，在任何具有创造性的工作中，你绝对无法预知到结果会是什么样子，除非你做的是一件非常小的事情。我认为这个特别的提纲能够让我一直保持开放性的思维，让我始终保持写作的灵活性，给了我很多留白，让我可以不断在文章里填进新的东西。这样做能够使我写的这本书更富有层次感，充满更多的复杂性，但这种层次和复杂性总是具有新鲜感，不拘一格。

写作的过程变得愈加深刻且困难。在我看来，这几乎演变成了一场人类价值与科技之间的冲突，并且一直持续下去。

从传统上说，人们向来认为禅宗与科技两者之间，即使并非对立，也至少是相互分离、毫无关系的，但我希望能让人们看到这两者之间的关联。我开始意识到，我要做的就是把人类的价值与科技的价值联系起来，并试图提供一种统一的模式，让人们可以看到一个又一个的关联。这使我对哲学的探讨和研究越来越深入、越来越深奥。我不知道自己会写这么深奥的文章，但不知怎的，我潜意识中始终有一个念头驱使我朝这个方向前进。把我送进精神病院的那段经历，如今正显示出那件事与我正在写的东西大有关联。因此，通过开放自己的思想，利用潜意识的力量，我逐渐发现，我的整个人生开始通过我最初写的这篇小小的文章而展现出来。

在此，我再重复一遍：写这本书并非刻意而为，仿佛远处有个声音对我说："现在要做我眼前的这件事。"这是一种从内心油然而生的意动和热情。我发现自己开始做的这件事比我想象的要宏大，我要让我的思绪尽情发散和拓展，而不会将其切断。而正因于此，事情变得严肃起来。

当然，没人明白我这段时间到底在做什么，而就在此时真正的问题开始显露，因为我开始变得有点忘我，完全沉浸其中了。我开始觉得自己身负重任，这逐渐成为让我摆脱和远离过去问题的方法，并且成为一种与人交往的新方式。也正因为如此，现在的我变得很难相处。我的妻子和孩子会告诉你，那时的我非常孤僻。我一天到晚都待在自己的房间，坐着静静思考，不跟任何人说话。写作时，我会尽我所能把脑子里的想法写出来，之后剩下的时间都在强迫自己不断思考，并且这些想法不断发散和扩展，就像滚雪球一样越滚越大。

很快，我就明白了，我必须得多花些时间写作，不能只在周末或晚上回家的时候写。于是我对自己说："我早上必须得早点儿起来，把脑子里的想法写完再去上班。于是我和我的雇主，世纪出版公司的斯图·科恩谈了谈，他人很好，允许我使用他在那里的一间办公室。他给了我一张特别的桌子，并对我说："把你所有的东西都放在那里，不要告诉我你在做什么，我不想听。"他真的很慷慨大度，其善良宽厚的举动令人难以忘怀。

于是，我开始在凌晨两点起床，到芝加哥大道和湖水街交会处的罗伯特鞋店楼上的一个小地方去写作，起初主要是做笔记，有时写写随笔，边写边摸索。每天都按部就班做着同样的事情，先是去写作，然后回家吃早饭，工作一整天，然后回家吃晚饭，晚上六点钟上床睡觉。当然，这样也引起了一些糟心的麻烦。比如孩子们太淘，晚上根本安静不下来。这对全家人来说是件痛苦的事。房子里整天吵吵闹闹，叽叽喳喳，于是我终于受不了，走出了家门，在第十大道和芝加哥大道附近的低价区找到了一间十美元一周的房间。

换句话说，我甚至愿意对自己的家人说："听着，我要写书，如果你们阻止我，那就小心了。看吧，这事一定会发生的。这不是我真正能控制的事情。它现在就会显现出来，你们自己去想吧。"虽然我几乎和家人没有任何联系，但没过多久，我的妻子开始明白这是一件非常严重的事情，她做出了让步。孩子们也原谅了我。于是我的灵感和思绪不断扩展，越来越多，越来越多。

然而，有些影响是非常严重的，尤其对克里斯来说——如果你们看过书，可能会对他有印象。他感觉很糟糕，和我们所有人都很疏远，所以我想："好吧，今年夏天我有个假期，等我完成了在数据控制公司的工作，我就带他去骑摩托车度假。同时也让我有机会好好整理一下自己的思路和想法。"所以我们就这样做了，并且跟约翰和思薇雅·萨瑟兰夫妇一起。我们去了蒙大拿，再到俄勒冈州，一路向南到了旧金山，从那里直奔洛杉矶，最后回来。

当时，在写作上最困扰我的问题是，虽然我写的是发自内心的话，但这些话一跃然纸上时，读起来就像布道坛上的讲话，有种居高临下的感觉。我不知道该如何克服这一点。每当你以论文的形式写下自己的个人想法和观点，别人读到的时候都会认为你有点居高临下、不可一世。我真的很想避免这种情况，但我不知道如何解决这个问题。

我一直不知道答案是什么，直到后来我们骑着摩托车到达洛杉矶，在好莱坞的中部，我突然想到："对呀，为什么不以一个骑摩托车旅行者的视角，以讲述者的语气来写这本书呢？"于是我领悟到了故事的整个脉络和角度。此后就不会再出现一个站在讲台上居高临下地讲话的人了。相反，出现在读者面前的是一个站在众人面前开诚布公且脚踏实地的人，这个人也会犯错，也有过失败，身上也有弱点，这个人不知道自己去过哪里，也不知道自己要去哪里。但他知道无论如何也要勇往直前，并且从旅途艰辛和挫折中找到意义和目标。我希望这本书是出自一个对人类的处境感同身受的人之手，这就是《禅与摩托车维修艺术》这本书的基本框架和背景。呈现在读者眼前的这本书就是在这个框架上创作出来的。

为此我每天凌晨两点起床，一直写到四点，就这样坚持了两年，才终于完成了这部十二万五千字的作品。但当我写完这本书之后，我感觉不甚满意，于是把它搁置在一边两个多星期。后来我回头看了看，突然震惊地发现这本书简直糟糕透顶，实在是本烂书。跟所有其他的作品相比，简直平淡无奇。我之前就像巫师一样盯着眼前巨大的水晶球，想出一个主意，并写完了一本书。但现在，我不再以一个创作者的身份，而是以读者的视角来看我写出的这本手稿。当然，读者跟创作者的角度是完全不同的。

因此我经历了一段很长时间的抑郁期，绝望了整整两年。在这段时间里，我每天早上起来的时候，都觉得一无所有。这跟在墨西哥的时候情况是一样的，只不过现在我正在经受痛苦。我想说："好吧，我就无所事事地坐在这里好了，很好，就这样吧。"而大概三四个小时后，不知怎地，我的手就会不由自主地抬起来开始写字。这是我最好的作品之一，是在完全绝望的情况下写出来的，当时真的感觉自己没有任何希望。

然而在初稿完成，并经历了一段漫长的抑郁期之后，我又重新写了一章。现在我明白了，因为有了第一稿的经验，我心里清楚第二稿应该是什么样子了。我脑子里有了大纲。我不再是在水晶球里写作。我写的东西都是我熟悉和知道的，而且已经煞费苦心地写了一次。然后我心平气和地坐下来，开始认真地写，心中没有任何狂喜，也没有一丝沮丧，如一艘帆船在平静的海面上航行。我所重写的那一章就是书里的那章，没有半点儿改动。历经两年的失败之后，这本书终于从头至尾一气呵成。

我把一部分书稿寄给了出版商。就在我把书稿寄出的第二天晚上，我接到了一个电话，电话里的人说："我出五百美元买这本书，现在就买，你把书写完我们就买，怎么样？"他说的话打动了我，让我觉得我最好停下自己在尤尼瓦克公司的工作，集中精力写这本书。

于是我真的这么做了。我请了假,在接下来的两年里,满怀信心地投入这本书的创作中,相信一定会引起反响。在此期间,我的家里却麻烦不断。但不知为何我总有种感觉,我一直都所向披靡,无往不利,遇到的所有障碍都可以克服。在第一章的结尾,我写道,从这里开始一切都在走下坡路。当然,这是个爬了两年多的山丘,但不管怎样仍是往山下走去,这一点是不会改变的。

我一章接着一章地写。本来妻子对我就有怨气,现在更是怒不可遏了。因为她看到还有好多章节要写,没完没了。她也是个作家,而且文笔很好。她曾经非常沮丧,因为她写完第二章之后,就突然意识到后面写不出来了;因为第三章无非就是主人公在房子里走来走去,什么都不干。于是她说:"快点儿,快点儿,快看第三章!"这次的感觉完全不同,我们开始意识到,真的有事情要发生了,我们有事情要做了。

书倒是一章接一章地写了出来,但出版商却一个又一个地跑掉了,主要是人家等不了我太长时间。出版是个高周转率的行业,就像广告业一样。如果你作品写得好,会迅速出名;如果能力不够,很快就会销声匿迹,无法快速产出作品的作者们会立即被出版公司抛弃,去找别人。因此,我最初洽谈了一百二十一家出版公司,后来逐渐减少到了二十二家——其中只有两家喜欢我的初稿。而当我写完第二稿之后，出版社减少到了六家。我给这六家出版公司寄出了十六万字的全部书稿，最终只有一家决定将我的书稿出版。

我至今仍保存着那家出版社编辑给我的信。我认为这是一封很好的信。这位编辑也是个了不起的人，听说他是出版界的神童。他是威廉·莫罗出版公司的编辑，名叫詹姆斯·兰迪斯，是个狂人。我一直以为他是个五六十岁的秃顶老头子。我们接触了四年，却从未见过他。但在大约两周前，我的妻子南希叫我下楼，并对我说："有人要见你。"当时那本书刚刚出版，引起巨大轰动，时不时有奇怪的人来找我，或者想见我。你也知道，无非是问我他们应该在哪儿买摩托车之类的事情，所以我想眼下找我的这个人也是其中之一。我下楼一看，竟然是个年轻人，二十七八岁，一头卷发，留着胡子，戴着围巾，穿着一身时髦的衣服，眼睛里闪烁着狂放不羁的眼神。没想到这个人就是我这本书的编辑——詹姆斯·兰迪斯。这些年来跟我保持通信联络的人就是他。我本想跟他握手，但最终我伸出手给了他一个大大的拥抱。因为是他拯救了我的书，使其得以问世。

嗯，当然，这本书的出版在纽约掀起了狂潮，并且这本书也登上了畅销书榜，在《泰晤士报》排行榜上名列第十。在旧金山，这本书列在畅销书第五名；在明尼阿波利斯的B.达尔顿畅销书榜上，排名第十四。《今日秀》似乎还要请我上节目。我还接受过《纽约时报》的采访。据莫罗出版公司的宣传副总裁说，下周日的《纽约时报》书评版块，会出一篇他们见过的最不可思议的书评。我在等着看书评到底是怎么写的，我想可能会很疯狂。好评如潮，只不过在《出版人周刊》上有小篇文章表达了不同观点。除此之外，所有媒体上都是压倒性的一致好评。我的生活也从此完全改变了。所以你们才能看到我在此写的这番话。

半年前，人们还在问，"这个人是谁？"但现在突然间我得开始重新适应我所处的新生活状态，希望我能尽快适应。这是我自找的，所以没什么可抱怨的。也许我可以利用现在的状况和条件做一些我以前做不到的事情。我曾经有很多疯狂的想法，人人都知道，而且常说："那个满脑子疯狂念头的家伙来了。"而现在，因为这本书的出版，我发现时常有人听我说话。实际上，我那些想法的疯狂程度跟之前相比并没有什么变化，但它们似乎能够完成以前想做但做不到的事情。

这就是我想说的关于这两本书的创作过程。就这两本书里记录的都是我所见过的和经历过的。创作第一本书时，我把它看作与我自己不同的东西，是我想要做的事情。我要成为一个作家，所以，你也能看出来，我是在扮演这个角色。

至于在写第二本书时，我没有把自己当成一名作家，而只是在对自己真实的需求本能地做出反应，不管我是不是作家，我都要写那本书。这是一件需要学习的重要事情。你要做的就是把自己的想法从头脑中提取出来，而不是远离它。有时我看着自己的手在动，几乎像是不由自主地在写，或是凭自己的意志在书写。这种方式是正确的，可以创作出真正有价值的东西。在这种方式中，创作者和作品之间没有阻碍和隔阂。当这种情况发生时，你能知道，甚至能感觉到。当你感觉到之后，会惊讶不已。这完全是一种不同的体验，但要达到这种境界需要经历长时间的失意和挫败。

PART 1
Quality

第一部分
良质

有一天,我问大师:"如果'我'不射箭,箭怎么会射出去呢?"

大师回答说:"'它'自己射出去。"

"这句话我以前听您说过好几次,那我换一种说法吧:如果'我'不在那里的话,我如何能凝神忘我地等着把箭射出去呢?"

"'它'在弓弦拉得最满的那一刻等着。"

"'它'是谁或是何物呢?"

"等你领悟了'它',也就不再需要我了。如果我设法给你指点而不让你自己亲身体会,那我就是最糟糕的老师,不配再教你了!所以我们还是别谈这个了,继续练习吧。"

——《禅与射箭艺术》,奥根·赫立格尔著,1948 年

▶一封写于蒙大拿州波兹曼的信,彼时波西格在那里的蒙大拿州立大学担任讲师

1961年4月2日

老师们经常有这样一种感觉,他可以尽其余生告诉学生他想要什么,却永远达不到目的,恰恰是因为学生总觉得努力想要给出老师想要的东西,而不是给出真正好的东西。

人们还会注意到,在很多情况下,有些学生和老师一样沮丧且愤怒。这样的学生往往一直在竭力想弄清楚如何取悦老师。在他们看来,老师似乎连自己都不知道自己想要什么。学生交了一篇杂乱无章的论文,结果被告知需要再组织一下结构,应该先做一个提纲。于是他按照吩咐做了一个提纲,按照提纲写了一篇新的文章,却被告知文章太过枯燥无味。于是学生又去改,试着用一些生动的例子或语言给文章带来一些新意,结果得到的评价是文章太刻意做作了……

解决之道在于一个十分常见的词——乍一分析,这个词似乎和"时间"这个词一样简单,但进一步研究和调查之后,你会发现这个词跟"时间"一样复杂深奥——这个词就是"良质"。当学生问老师想要什么样的英文论文时,你应

该告诉他你想要的是良质。

乍看之下这似乎简单得可笑，但这是一个经常被忽视且最基本的概念，且有必要在学生学会写作之前就告知清楚。令人惊讶的是，许多进入大学的学生根本不知道写论文还有良质这回事——学生们诚实而认真地相信，好的论文就是要取悦不同的老师。学生们认为文章要华丽，语法要通顺，还要有深度且贴合老师的意图——面面俱到，但只有一点是没有的，那就是要写出好文章的想法。

▶"名言警句"——写于伊利诺伊州唐尼退伍军人管理医院，当时波西格因患精神病被送入医院治疗

1962年

追求卓越的最终目标是启迪。在那之后就没有目标了，因为一个人在情感上和理智上都认识到，所有体验和经历的良质都是同等的。

良质是思想和表述的一个特性，它可以被非思想或直觉的过程识别。因为定义是严格推理的产物，所以良质永远不能被严格地定义，但每个人都知道它是什么。

五个盲人去摸一头大象。一个人觉得它像根绳子，另

一个人认为它像一堵墙，一个认为它像棵树，还有人认为它像条蛇。所有人都说的是真话。同样地，让五个不同的人描述良质的本质，可能会给出五个不同的答案。所有人可能都在说真话。没有永恒的口头真相告诉我们什么有良质，什么没有良质。良质的概念因物而异，因人而异，因文化而异，也因时而异。

多数良质存在于客体中……但也有一种良质如卓越一般存在于主体或心中。但相信存在于心或客体中的，是基于基本的二元论错觉，即观察者和被观察者是分开的。事实上，在良质被观察到的瞬间，观察者和被观察对象并不是相互分离的。

在定义中使用的分类概念是利用过去经验的符号来说明新的经验。良质是在经验被符号化之前的经验。

当一个人成功地对他所处的瞬时环境做出纯粹的反应，而不受分裂的思想或过去条件的干扰，且这种反应对细微的和重大的差异都十分敏感时，或者当一个人认识到存在本身只是这种持续的反应时，他就认识到了良质的概念。

当然，一个人判断自己是否有良质，在很大程度上取决于他的文化水平和条件。除此之外难道还有别的吗？更重要的是，文化的发展和提高是趋向高质量或积极质量的驱动力。良质是促使社会成长的目的论原因。

到目前为止，我们追求良质的文化动力总体上还很粗糙和原始。推动社会变革的巨大动力不能维持太长时间，因此依然维持在对衣食住行的简单要求，主要以满足最基本的欲望为目标，无法实现更高水平的超越。然而，当科技满足了广大人民群众对这些方面的需求时，一个新的问题出现了：下一步是什么？我们的社会必须从一个通过开发和掌握复杂的手段以实现简单目标的社会转变为一个……关注目标本身的社会。例如，……的数量，而更多地关心所生……特征就是蜘蛛式的分析推论过……质的理解和不断的推崇而永久性地放弃这种分析……。推论也是我们周围的审美宇宙的一部分，有高质量的推论和低质量的推论。对某条推论路线或推论方法的选择则受高质量选择的引导。

从任何有限时间的观察中可以记录下来的"事实"的数量是无限的。写论文如同抛硬币，根据硬币的一面，学生们可以写出成千上万的"事实"。正是由于这些事实的相对良质，让我们为了记住而选择了一些事实，并抛弃了另一些事实。

通常情况下，一个人发现良质的能力远远超过创造良质的能力。

经验不是从发现事实开始的，而是从一元论的良质开始，然后发展到二元论的良质，接着是多元的指定符号。

良质和杜威[1]的"经验论"有什么区别？"经验"是二元论所推崇的。它假定经验的来源和经验的接受者之间存在一种(有可能)永恒的分离。一个经历某种事物的人是独立的，与他所经历的外部情境无关，他只是一个观察者。"良质"源于一元论。它假定良质的来源和接受者并不是相互分离的。良质既没有脱离世界，也没有脱离自我。当认识到纯粹的良质时，就如同认识到经验一样，世界和自我并不分离。通过遵循良质的原则，人们最终会认识到世界和自我并不是相互分离的。

真理是高质量的说明，良质是现实的决定因素。

"良质"一词超出人力所能描述的范畴，因为它既是无法定义的，又是无限可定义的(两者相当于同一件事)。如果非要对它进行总结概括，再怎么样也超越不过"良质"这两个字，因为总结概括的对照物就是"良质"本身。

良质本身对任何地方的任何人都是一样的。

---

[1] 约翰·杜威（1859年10月20日—1952年6月1日），美国著名哲学家、教育家、心理学家，实用主义的集大成者，也是机能主义心理学和现代教育学的创始人之一。

《莱拉：一场对道德的探究》
1991年

很久以前，当他第一次探索良质的思想时，他推想，如果良质是我们一切认识的本源，那么最好的观察它的地方就是在历史的开端。那个时候还没有被如今泛滥的静固心智模式塞满。他在古希腊哲学中追溯到了良质的源头，并且认为他已经到达了他所能到达的最远处。后来他发现，他可以追溯到古希腊哲学家之前的时代——修辞学家的时代。

哲学家通常把他们的思想说成是来自"自然"，有时也说是来自"上帝"。但是斐德洛认为二者都不完全准确。哲学家研究事物的逻辑秩序，这种秩序是从"神话"中衍生出来的。这个神话就是社会文化及其发明出来的一套话语，必然是先有后者，哲学才成为可能。当然了，大多数古老的宗教言论都是荒诞的，但是不论荒诞与否，它们都是我们现代的科学言论之父。这一"神话先于逻各斯[1]"的论题与"良质形而上学"的论断是一致的：良质的心智静固模式建立在良质的社会静固模式之上。

当斐德洛挖掘古希腊的历史，追溯到神话向逻各斯嬗变

---

[1] 逻各斯即Logos，是欧洲古代和中世纪常用的哲学概念，一般指世界可理解的一切规律，有"理性"的意义。希腊文这个词本来有多方面的含义，如语言、说明、比例、尺度等。

的时代,他发现古希腊的修辞学家,那些智术师,曾教授过他们称为"areté"的东西,它是良质的同义词。维多利亚人曾把"areté"翻译为"美德",但是维多利亚人的"美德"隐含着对性的压制、谨小慎微的言行和一种"我比你高贵"的势利。这与古希腊人的意思相去甚远。在早期的古希腊文学,特别是《荷马史诗》中,areté是一个非同小可的核心词。

溯源到荷马,斐德洛确信,他已经追溯到人类所能到达的最远的地方。但是有一天,一些碰巧读到的东西震惊了他。上面写道,通过语言分析(Linguistic Analysis),你可以走得更远,回到荷马以前的神话。古希腊语不是独创的语言。它的前身现在被叫作原始印欧语(Proto-Indo-European Language),还要久远得多。这种语言没有留下任何残迹,但是被学者们从梵语、古希腊语和英语这些语言的相似性中推衍出来,这些语言表明,它们都是一种共同的史前语言的余绪。在与希腊语和英语分化了数千年之后,印地语中的"母亲"一词仍然是"Ma"。瑜伽(Yoga)不但形似,而且被翻译为"yoke"[1]。一个印度的"rajah"[2]头衔听起来之所以像是"regent"[3],是因为这两个词都是原始印欧语的遗

---

1 yoke的词意为"轭",根意为"联结"两头动物一起干活。yoga一词源于梵文,即"联结"之意,引申为与灵的联结,即"瑜伽"。

2 rajah意为邦主、王公。

3 regent意为摄政者。

存。今天，一本原始印欧语字典包含超过一千个条目，以及散入一百多种语言中的派生词。

仅仅为了满足好奇心，斐德洛决定看看areté是不是在里面。他在"a"词条下面查看，失望地发现并没有。然后他注意到一句话，说古希腊人并不特别忠实于原始印欧语的拼写。在他们的诸般过错中，古希腊人在很多原始印欧语词根前加上了"a"前缀。他在"r"下面查看有没有areté来验证这一说法。这一回，大门洞开。

areté的原始印欧语词根是词素"rt"。在areté旁边，是装满其他rt衍生词的宝库："arithmetic"（算术）、"aristocrat"（贵族）、"art"（艺术）、"rhetoric"（修辞）、"worth"（价值）、"rite"（仪式）、"ritual"（礼节）、"wright"（木工）、"right"（右）、"right"（正确）。除了算术，所有这些词都似乎和良质有着同类词般模糊的相似性。斐德洛仔细地研究它们，沉浸其中，揣摩着是一种什么样的观念，一种怎样的看待世界的方式，能够产生出这样一个词汇表。

当这个词素在"aristocrat"和"arithmetic"中出现时，意指"第一"。rt意味着首要。当它在"art"和"wright"中出现时，它似乎意味着"被创造的"和"美的"。"ritual"的蕴意是"重复的秩序"。词汇"right"有两个含义："右手的"和"道德与审美上正当的"。当所有这些含义交缠在一起，关于词素rt更完整的图景就浮现出来了。rt意指"首要的，被创造出来的，具有道德与审美正当性的美的重复秩序"。

有趣,在今天的科学中,算术仍然享有这一地位。

后来,斐德洛发现,虽然希伯来人来自"河的另一边"[1],并不属于原始印欧语族群,但他们有一个相似的词,"arhetton",意思是"唯一",并被认为是极为神圣的,不允许说出来。

那个右手性也很有意思。他读过一本罗伯特·赫兹(Robert Hertz)所写的人类学著作,叫作《右手的优势》(*La Prééminence de la Main Droite*)。书中展现出将左手视为"邪恶"几乎是一个普遍的人类特征。我们现代的二十世纪文化是少数例外之一,但是即使在今天,在法律宣誓、军人敬礼、互相握手的时候,或是当总统在就职典礼上承诺支持国家的首要的被创造出来的具有道德和审美正当性的美的重复秩序的时候,都必须伸出右手。当学童对象征着族群之美和道德正义的旗帜宣誓效忠的时候,他们必须做相同的举动。史前的rt仍然在我们身边。

关于这个原始印欧语的发现,只有一个地方不太对,斐德洛一开始想要无视它,但是它总要冒出来。这些含义,放到一起来看,跟他对areté的诠释并不是一个意思。这些含义中有"重要"的意味,但是这种重要是正式的、社会性的、程序上的、人造的,几乎就是他所说的良质的反义词。rt的意思是"品

---

[1] 河的另一边指跨过红海海峡,出自希伯来人逃出埃及的典故。

质",这没问题,但是它所指的品质是静固的,不是跃动的。他本来希望它是另外的样子,但是看来它真的不是。礼节,那是他最不希望areté成为的东西。坏消息。看起来,可能维多利亚人把areté翻译为"美德"倒是更好,因为"美德"蕴含了在礼节上对社会规则的服从。

当他在灰暗的心境中苦思rt这个词素的种种含义时,另一个"发现"到来了。他本来以为,这一次他无疑追到了Quality—areté—rt这条线索的尽头。但是随后,从他久远记忆的沉沙中,他的头脑打捞出一个他已经很久没有想到或听到的词:ṛta。

这是一个梵语词汇,斐德洛还记得它的意思:ṛta是"万物的宇宙秩序"。然后他想起来,他曾读到过,梵文被认为是最忠实于原始印欧语言根源的,可能是因为它的语言模式被印度祭司们极为谨慎地保存了下来。

想起ṛta,他的脑中就浮现出一间阳光明媚的教室,明亮的棕黄色墙壁上挂满了粉笔灰。在教室前头,穆克吉先生,一个满头大汗、裹着腰布的婆罗门,正在把几十个古代梵文词汇灌输到这群学生的脑袋里——advaita, māyā, avidyā, brahmān, ātman, prajñā, sāmkhya, visīstādvaita, Ṛg-Veda, upanisad, darśana, dhyāna, nyāya——很多很多。他日复一日地教授它们,每讲到一个,就微微一笑,那预示着后面还有几百个。

斐德洛坐在教室的最后面,挨着墙壁,木头桌子破旧不堪。他浑身是汗,被嗡嗡的苍蝇烦透了。热量、光线和苍蝇都从那边墙上的开口自由进出。那个开口没装玻璃窗,因为在印度,你不需要玻璃窗。他的手搁在笔记本上,下面都洇湿了。他的钢笔不能在洇湿的地方写字,所以他避开它。当他翻页之后,发现汗水也洇湿了下一页。

在这样的高温里,要记住所有那些词是什么意思,真是苦不堪言——ajīva, mokṣa, kāma, ahiṃsa, suṣupti, bhakti, saṃsāra。它们左耳进右耳出,好似烟云。透过墙上那个开口他能看到真正的云——巨大的季风云耸立在数千英尺的高空——下面,白驼峰的辛地牛正在吃草。

他以为这些词汇他很多年前就忘光了,但是现在,这个ṛta又回来了。ṛta来自《梨俱吠陀》中最古老的部分,而《梨俱吠陀》是已知最古老的用印度-雅利安语写成的文献。太阳神苏利耶 (Sūrya) 从ṛta之居所开始驾车穿过天庭。伐楼拿神 (Varuṇa)——斐德洛求学的城市就以它命名——是ṛta的主要支柱。

伐楼拿是全知全能的,并被描述为一直在见证着人类的诚实和谎言——"永远是两个密谋者身旁的第三只眼"。他实际上是正义之神,是一切宝贵和美好事物的护卫者。文献上说,伐楼拿的显著特点就是他始终如一地坚守着崇高的原则。后来,他的锋芒被因陀罗 (Indra) 掩盖,因陀罗是雷神,也是印度-雅利安人的敌人的毁灭者。但是，所有的神都被想象为"ṛta的护卫者"，崇尚正义并确保正义得到发扬。

斐德洛有一本老教材，M.西里亚纳 (Mysore. Hiriyanna) 写的，上面有一个很好的总结："ṛta，词源上表示'路径'，最初意味着'宇宙秩序'，所有神祇的目的就是维护它；后来，它又表示'正确'，于是，众神的使命不仅被认为是维护世界免于在物质上失序，也被认为是维护世界免于在道德上陷入混乱。一个观念隐含在另一个之中：宇宙中之所以存在秩序，是因为它被操控于正义之手……"

宇宙的物质秩序也是宇宙的道德秩序。ṛta兼为两者。这正是"良质形而上学"所宣称的。它不是新思想，它是人类已知的最古老的思想。

斐德洛认为，ṛta和areté是一回事的认识价值连城，因为它提供了一幅巨大的历史全景图，在其中静固良质和跃动良质的基本冲突被解决了。它回答了为什么areté意味着礼节的问题，ṛta也有礼节的意思。但不同于古希腊人，印度人在他们数千年的文化演进中，为仪礼与自由之间的冲突付出了巨大的精力。他们在佛教和吠檀多哲学中对这一冲突的解决是人类心灵最深湛的成就之一。

ṛta的原始含义，在印度史上被称为婆罗门教 (Brāhmaas) 的时期经历了一次向极端仪式化的静固模式的转变，其严苛烦冗程度在西方宗教中闻所未闻。正如西里亚纳所写：

> 最初，祈求诸位自然神灵的目的，主要是讨他们的欢心，获得今生和来世的成功。于是这些祈求者自然而然地带上简单的礼物，如谷物和酥油。但是这样一种简单的膜拜形式却变得越来越复杂，随着时间的推移，产生了费尽心机的祭祀，还产生了一个特殊的阶层，专业的祭司，人们认为，只有他们能主持祭祀。后来的唱诵提到关于仪式的典故，这些仪式流传得非常久远，在仪式上献祭者会聘请好几个祭司。在这一时期，把供品奉献给神灵时的精神发生了改变。驱动着祭献活动的不再是祈求神灵降福避祸的心理，更确切地讲，是强迫、要挟他们满足祭献者的心愿……
>
> 祭祀的观念出现了深刻的转变，人与神的关系也随之发生了转变。现在，人们所要坚守的就是小心翼翼地操办各种仪式中的每一个细节；同时相信，从中积攒的福报，无论在此处还是在别处，都会自动地随之而来……于是，恪守仪礼被视为与自然法则和品德

端正处于相同的层次上。

斐德洛想，在现代世界，你不用费力就能找到相似的情况。

但是，使印度人的体验如此深刻的原因在于，跃动良质退化成了静固良质并不是故事的结局。在婆罗门教时代之后到来的奥义书时代(Upanisadic Period)，印度哲学百花齐放。跃动良质在印度思想的静固模式中再次涌现出来。

"ṛta"，西里亚纳写道，"几乎在梵文中不再被使用；但是，以达摩[1]的名义，同样的思想在印度人后来的生命观中再次占据了极为重要的地位。"

达摩更常见的含义是"一种宗教功德，被认为以某种不可见的方式运作，能保佑一个人未来的安康，不论在此处还是在别处。因此，人们相信特定的祭祀活动能引领祭献者在此生之后进入天国，在其他一些方面，则保佑他们此生此世得到健康、子嗣等"。

但是他还写道："它有时被作为一种纯粹的道德观念来使用，代表正确或美善的行为，能够达到某种形式的善果。"

1　dharma在佛教中常译为法，或音译为达摩。

PART 2
Values

第二部分
价值

道［良质］可道［定义］，非常道［绝对的良质］……

名可名，非常名。

无名天地之始，

有名万物之母……

道［良质］冲而用之或不盈！

渊兮！

似万物之宗……

——取自老子的《道德经》，
由罗伯特·M. 波西格修饰翻译，
摘录于罗伯特1974年出版的《禅与摩托车维修艺术》一书

▶信
1994年9月13日

跃动良质无时无刻不存在，它吞噬着主体，也吞噬着客体，当人们从现有的静固模式中分离出来时，他们对跃动良质或多或少会变得敏感。

▶《禅与摩托车维修艺术：一场对价值的探寻》
1974年

如果有一些事情比其他的要好，那就是说它们的品质更优良。但是一旦你想解说良质，而不提拥有这种特质的东西，那么就完全无法解释清楚了。因为所说的根本就没有内容，但是如果你无法说出良质究竟是什么，你又如何知道它是什么呢？或者你怎样才知道它存在呢？如果不知道它究竟是什么，那么从实用的角度来说，它根本就不存在，而从实用的角度它的确存在，否则比较的基础又在哪里呢？否则为什么有些人愿意花更多钱去买这些东西，而把另外一些东西丢到垃圾桶里呢？很明显，有些东西的确比其他东西要好，但是什么又是比较好呢？……你的思想一直在打转，找不到出路。究竟良质是什么呢？它是什么呢?

我知道有所谓良质存在,但是一旦你想去定义它,情况就会变得很混乱,因而无法做到这一点……

过了几天,他自己想出一个定义,于是把它写在黑板上让学生们抄下来,定义是这样的:"良质是一种思想和陈述的特质,我们不能经由思考的方式了解它,因为下定义是一种严格而规范的思考过程,所以良质无法被定义。"

这个定义其实就是拒绝给它定义,并没有引起学生的评论,因为这些学生没有受过正式的训练,不知道他写下来的句子其实是完全不合理的。如果你不能为某件事下定义,你就没有办法用理性的方法确知它的存在。当然你也无法告诉别人它究竟是什么。因而事实上,在无法定义和愚蠢之间就没有正式的差别了。当我说我无法定义良质时,我其实就是在说,我在谈论良质这件事上很愚蠢……

然而在黑板上的定义下面,他又写道:"但是即使良质无法定义,你仍然知道它是什么。"这又引起学生们一阵骚动……

他所说的良质非常明显,他们早已知道究竟是怎么回事了,所以没有兴趣继续听下去。现在他们的问题变成:"好吧!既然我们知道良质是什么,我们该怎样得到它呢?"……

他把良质的各个层面列出来，比如说：统一、生动、可信、简洁、敏锐、清晰、强调、流畅、悬疑、出色、准确、比例适当、有深度，等等。由于这些抽象名词都很难定义，所以他就利用刚才的比较手法介绍给学生们。比如说文章的统一，也就是故事如何前后连贯，可以借撰写大纲改进自己的技巧。而要提高文章的可信性，则可以增加注释，因为注释能够提供更多权威性的参考。在大一的课程里面都会提到大纲和注释，但现在却被作为提高良质的方法。如果学生交来的报告中罗列一堆凑数的注释或是大纲松散，就表示他只是敷衍了事，没有达到报告应有的良质，所以毫无价值可言。

然而要回答学生的问题："我怎样才能得到良质？"这几乎使他想要辞职。他认为："这和你要如何得到它完全无关。它就是这样好的东西。"有一名不满意的学生在课堂上问："但是我们要怎样才知道什么是好呢？"但是几乎还没问出口，他就明白已经有答案了。其他学生经常会告诉他："你已经看到了。"如果他说："我没有。"他们就会说："你看到了。他已经证明了这一点。"……

他必须回答这个问题。如果你无法定义它，你又如何肯定它存在呢？他的答案，在哲学上可被称为实在论。他说："要证明一个东西的存在，可以把它从环境中抽离出来，如果原先的环境无法正常运作，那么它就存在。如果我们能证明没有良质的世界运作不正常，那么我们就能证明良质是存在的。不论有没有给它定义。"接着他把良质从我们所知道的这个世界中抽离出来……如果现存的世界没有了良质，就会发现良质原来这样重要。这个世界缺少它仍然能运作，但是人生变得非常呆滞，几乎不值得活下去。事实上的确是不值得活下去的。"值得"就是一个良质的字眼，人生将不再有任何价值或是目标。他重新审视自己的思考过程，认为他证明了自己的看法。一旦这个世界被抽离了良质就不能正常地运作，所以良质是存在的，不论它是否有定义……

如果每个人都知道良质是什么，为什么对它会有这么不一致的意见？……但是这个论证完全是毁灭性的。曾经只是一个单独的、统一的良质，现在似乎变成了两个：浪漫的一个，只是看，是学生所拥有的；而古典的那一个，全盘的了解，是老师所拥有的……而事实上，他所说的良质并不是古典的良质或浪漫的良质。它超越两者之上，既不属于主观，也不属于客观，它超出了这两个范畴之外……如此一来，他便摆脱了左角，良质不是客观的，它不存在于物质的世界。然后他又避开了右角，良质也不是主观的，它不单单存在于人心之中。

最后，斐德洛走上了据他所知西方思想史上从未有人走过的道路，那就是径直走过主客观这两只角之间的区域，并且说良质既不属于心，也不属于物。它是独立于这两者之外的第三种实体。

根据斐德洛的见解，这个世界是由三种事物所组成的，就是心、物和良质。一开始他并没有因为没能在它们之间建立任何关联而苦恼。假如心与物之间的战争已经持续了好几百年尚且没有得到解决，为什么他要在短短的几个礼拜之中为良质骤下结论呢？所以他暂时把它搁在一边，放在心灵的架子上。在那儿有许多他一时找不到答案的问题，他知道这三者之间的关系迟早会建立起来……但是最后，他认为良质不会单独与主观或客观发生关系，而是只在这两者产生关系的时候才会出现，也就是说在主观和客观交会的一刹那。

听起来很顺耳。

良质并不是一种物体，它是一种事件。

更顺耳了。

它是主观意识到客观的存在时所发生的事件。

因为没有客观就无所谓主观。因为客观会让主观意识到自己的存在——所以良质就是同时意识到主客观两者时所发生的事件。

太棒了!

现在他知道就快到了。

这表示良质不仅仅是主体和客体相遇所产生的结果,实际上主体和客体的存在是由良质这个事件产生的。良质是主体和客体的因,而过去大家误以为主体和客体才是因!……

他写道:"良质像一个太阳,它并不是绕着我们的主体和客体运转。它不是被动地照亮它们。它也并非隶属于它们。事实上,它创造了它们,它们才是隶属于它的!"……

他曾经推演过良质与心、物之间的关系,从而确认良质是心、物的根源。如果没有经过仔细的解说,这一哥白尼式的逆转听起来会很神秘,但是他并不希望如此。他的意思只是,在认知一个物体之前,必然有一种非知识性的意识,他称之为良质的意识。在你看到一棵树之后,你才意识到你看到了一棵树。在你看到的那一刹那以及意识到的那一刹那之间,有一小段时间。我们常认为这一段时间不重要,但是并没有证据显示这一段时间不重要——情形完全不是如此。

"过去"只存在于我们的记忆之中,"未来"则存在于我们的计划之中,而只有"现在"才是唯一的现实。你从知识角度所意识到的那棵树,由于这一小段时间的关系,便属于过去，因而对你来说并不真实。任何从知识角度所意识到的总是存在于过去，因而都不真实。所以现实总是存在于你看到的那一刹那，而且是在你形成关于它的知识之前。除此之外，没有别的现实。这种先于知识的现实，就是斐德洛所说的良质。由于所有可从知识角度定义的事物必须来自这一先于知识的现实，所以良质是因，是所有主体以及客体的根源。

他所讲授的良质不只是现实的一部分，而是现实的全部……

我们高度复杂的生物体在对环境作出反应时，发明了许多了不起的相似物，包括天、地、树、石头、海洋、神明、音乐、艺术、语言、哲学、工程、文化和科学，我们把这些相似物叫作现实，于是它们就成了现实。然后我们把这种现实观灌输给我们的孩子，并把不接受的人丢进疯人院。但是让我们发明出这些的正是良质。良质就是环境给我们的持续刺激，让我们创造出所居住的世界。其中的一切。其中的一点一滴……

他开始明白，他已经偏离了最初的见解，他不再讨论形而上学的三位一体，而是绝对的一元论。良质是一切的源头和本质……

价值，现实的前沿，不再是整个结构的一个无甚关联的分支。它是整个结构的前身，先于知识的意识才能感知它，结构化的现实是以价值为基础被预选出来的，要真正了解它，就要了解它的来源——价值……

如果在盖一家工厂，或是修一辆摩托车，甚至治理一个国家的时候，你不想发生被卡住的情形，那么古典的二分法，虽然必要，但是不足以满足你的需要。你必须对工作的品质有某种感受，你必须能判断什么才是好的，这一点才能带你前进……

良质、价值创造了世界的主体和客体。有价值才有它们……

你真正在维修的车子，其实是"你自己"。外面的那部机器和里面的这个人并不是互不相干的，它们会一同亲近良质或者远离良质……

宗教不是由人发明的，人是由宗教发明的。而人也创造对良质的反应。通过这些反应，人进一步了解了自己。你知道某些事后，良质就会给你刺激，你就会想把良质所给你的刺激界定下来，但是你必须根据自己的所知去界定。所以你的定义是由你的知识组成的。你是用已知来比拟未知，情形必然是如此，不可能有其他状况……

如果想要改造世界，就要先从一个人的心灵、头脑和手开始改造，然后由它们向外发展。

▶采访
《华盛顿邮报》
1974年

对你们来说,良质可能就是康德。对我来说是汉堡。

不管怎样,两者都需要良质。

……我尽力让古典的思想能够在眼下更有意义,帮助人们过上更有想象力、更有成效的生活。当今的问题是,人们必须依靠一连串可怕的价值观来取得成功。《禅与摩托车维修艺术》里说:"要忠于自己内心对良质的兴趣。"如果你能在自己的地下室里修理摩托车，那就再好不过了。

▶信
1992年3月22日

[良质与神]……是一样的，只不过从来没人说良质有胡子，而且良质也从来不会扔闪电……

没有人否认良质的存在——也就是说，有些东西比另一些东西好。你永远不需要决定自己是否"相信"良质。它怎么能被忽视呢？

PART 3
The Metaphysics of Quality

第三部分
良质形而上学

我们对人生的一般理解是二元性的：你和我、这跟那、好与坏。事实上，这些分别性本身都只是对普遍存在的一种觉察。"你"意味的是以你的形相觉察这个宇宙，"我"意味的是以我的形相觉察这个宇宙。"你"和"我"不过都是两扇活动门。这种了解是不可少的，甚至，那不应该被称为"了解"，而应该说，它是透过禅修所获得的真实体验。

——摘自《禅者的初心》，铃木俊隆，1970 年

▶"主体、客体、数据和价值"
1999年

《禅与摩托车维修艺术》一书留下了一个巨大的形而上学问题没有得到解答,这驱使作者将良质的形而上学理论延续到了其第二本书《莱拉》里。这个悬而未决的问题就是:如果良质是持续而永恒的,那它为何看起来如此多变呢?为什么人们对其有各种不同的看法呢?答案是:在《禅与摩托车维修艺术》中谈到的良质可以细分为跃动良质和静固良质。跃动良质是一条由无数良质事件组成的水流,源源不断,永远流淌,并永远走在当下的前沿;紧随这一前沿而来的是价值的静固模式,即记忆、习俗和自然模式。不同的人对良质的评估存在差异,其原因是尽管跃动良质变化不定,但每个人生活轨迹的静固模式各有不同。跃动良质和静固模式都影响人的最终判断。这就是为什么个人的价值判断有一定的同一性,但并非完全一致。

▶信
2005年11月8日

当写《禅与摩托车维修艺术》这本书时,我并没有将跃动良质和静固良质进行区分，当时的"良质"一词指的就是如今的"跃动良质"。而现在，我认为良质既包括跃动良质，也包括静固良质。

▶信
1991年6月17日

《禅与摩托车维修艺术》带你走进连绵的山峦。而《莱拉》则从另一边把你带出山峦。它解释了良质是如何在世间万物每日的运转中产生作用的，也通过近乎冲突的方式展现出良质的作用……为何会出现道德冲突呢？分析的关键点在于"跃动"与"静固"的概念。正如在第一本书中所描述的，人们对良质"跃动"的理解是一样的。无论是火箭科学家，还是新生的婴儿，对跃动良质的看法都是一样的，但每个人对静固的看法各有不同。人们所处的不同文化形成了一个静固的免疫系统，通过这个系统，他们对良质的判断经过了一层过滤。这些对良质的判断混合了跃动和静固两种模式。但由于纯粹且无杂质的跃动良质并没有被发现，除非自我开悟，否则一切都被认为是静固模式，因此冲突就出现了。

我希望《莱拉》中所阐释的良质形而上学能够帮助人

们厘清其中的一些道德冲突。20世纪的一个主要问题就是始终没有对道德做出判断的理智基础。因此在做出判断时，会出现许多怯懦或愚蠢的行为。这使得社会容易走向道德沦丧，而这种道德沦丧如今正困扰着全世界的人们。《莱拉》对此给出了一些答案。

▶《莱拉：一场对道德的探究》
1991年

跃动良质是发生在理智之前的实在的前锋，是万事万物的源泉，至简而常新……

静固良质……是跃动良质的尾迹。它古老又复杂。它总是包含记忆的成分。善是对已经固定的价值观和价值对象的既成模式的遵从。正义和法律是等同的。静固道德中满是英雄和坏蛋、爱和恨、萝卜和大棒。它的价值不会自己改变。除非受到跃动良质的修改，否则它年复一年说着相同的话。有时大呼小叫，有时悄声细语，但是说的话总是一样的……

没有跃动良质，这个有机体无法生长。没有静固良质，这个有机体无法持续。二者都不可少。

▶信
1993年9月4日

在《莱拉》这本书里有这么一句话:"没有跃动良质,这个有机体无法生长。没有静固良质,这个有机体无法持续。二者都不可少。"这句话是《莱拉》最重要的主旨。

▶《莱拉:一场对道德的探究》
1991年

虽然跃动良质,这自由的良质,创造了我们生活的这个世界,那些静固良质的模式,那秩序的良质,却维系着我们的世界。无论是静固良质还是跃动良质,离开了对方都无法存在。

▶《莱拉的孩子》(补充材料)
2002年

根据《莱拉》所阐释的,静固良质和跃动良质是相互对立的。对静固模式不满的激进派和自由主义者会觉得受到跃动良质的威胁更小。而保守派和反变革者认为跃动良质的威胁性更大……

跃动良质是由每个人不断定义的。意识可以被描述为定义跃动良质的过程。然而一旦给出了定义，就成了静固模式，而不再是跃动良质。因此可以确切地说，跃动良质既是可以无限定义的，也是不可定义的，因为其定义永无穷尽。

▶采访
《纽约时报》
1991年10月

如果你感知到跃动良质，就意味着你创造了自己的生活，而如果你执着于静固良质不放，就成了命运的受害者。

▶信
1993年10月26日

良质就是经验，是经验的本质和一切。它不属于理智范畴，也不是一种独立于经验本身的"东西"。

▶信
1994年2月19日

跃动良质是可以直接感知，而不是推导出来的。物理学家通常认为跃动良质是主观的，因此被列为科学的禁区。

▶《莱拉：一场对道德的探究》
1991年

任何人，不论是哪种哲学流派的信徒，只要让他坐上一个滚烫的炉子，用不着任何睿智的辩论，他就会承认自己处于无可否认的劣质的境况之中。他的窘境带给他的价值是负面的。这个低劣的品质绝不是什么模糊的、头脑混乱的、地下信仰式的形而上抽象概念。它是经验，而不是对经验的判断，或者对经验的描述。这个价值本身就是经验。因此，它是完全可预知的，任何人只要愿意都可以验证它。它是可复现的，在所有的经验里，它是最清楚不过、最不容易弄错的。随后这个人可能对这个低劣的价值进行咒骂，但是，一定是价值在前，咒骂在后。没有低劣的价值感受在前，咒骂也不会随之而来。

在此处穷根究底的原因是，我们在这里有一个文化上陈陈相因的盲点。我们的文化教给我们的认识是，那个滚烫的炉子是咒骂的直接原因。它教给我们，低劣的价值是那个咒骂的人的一种属性。

并非如此。价值在炉子和咒骂之间。在主体和客体之间贯通着价值，这个价值比任何"自我"或"对象"都能更迅疾、更直接地被感受到，但人们可能随后将价值赋予"自我"或"对象"本身。这个价值比那个炉子更真实。虽然不能完全确定是否那个炉子或别的什么东西造就了低劣品质，但是，那个品质低劣的感觉是可以确定的。它才是原初的被经验到的实在，从这个实在出发，才有了炉子、热量、咒骂和自我，它们随后被理智构造出来。

……在经验主义者的眼中，价值总像是头脑不清的产物，这是因为经验主义者总是把价值赋予到主体或客体上去。你不能这么干，这么干就乱套了，因为价值不属于任何一方面，它自成一类。"良质形而上学"所做的工作，就是拿出这个独立的类别，良质，并呈现为何它自身包含了主体和客体。

▶信
1998年8月25日

经验是纯粹的良质,它促成了心智模式的创造,而心智模式反过来又产生了主体与客体之间的区分。

▶信
1995年12月19日

良质,选择,创造世界。

▶良质形而上学总结 (某次采访前的预备笔记)
2005年

物理学家谈论过万有理论,但这种理论只讨论由物质组成的一切。像爱这种东西就不包括在物理学家的万有理论中。而社会、美、道德等也不包括在内。

……只要物质是现实的基本元素,那么当遇到非科学范畴的事物,比如爱、社会、美和道德时,它就不得不停止。

但如果用"良质"这个词来代替"物质"作为世界的核心现实,你会对世间万物产生截然不同的看法和解释。这种解释不仅涵盖物理学所包含的一切,还涉及物理学家们忽略掉的其他"一切"。

▶"主体、客体、数据和价值"
1999年

良质无法独立地从精神或物质中获得,但它可以从精神和物质彼此之间的关系中推导出来。良质产生于主体与客体相遇之时。良质不是一件东西,它是一个事件。它是主体意识到客体的事件。因为没有客体就不可能有主体,所以良质是使主体和客体的感知成为可能的事件。良质不仅仅是主体与客体碰撞的结果。主体和客体本身的存在,正是从良质事件中推演出来的。良质事件是产生主体和客体的原因,而主体和客体又被错误地假定为产生良质的原因!

▶《莱拉：一场对道德的探究》
1991年

坐在滚烫的炉子上所产生的低劣价值显然是一种经验，尽管它既不是一个客体，也不是主体。这个低劣价值先产生，然后包含炉子、热和痛的主观认识才随之产生。价值才是实在，它把认识带给头脑。

物理学中有一个原理，如果一个事物无法与任何其他事物相区别，那么它就不存在。"良质形而上学"可以对此再加上一个原理：如果一个事物没有价值，那么它就无法与任何其他事物相区别。然后我们把二者放在一起：一个事物没有价值则不存在。不是事物产生价值，而是价值产生事物……

用物质来描述价值的问题，其实是一个用小盒子装大盒子的问题。价值不是物质的某个亚种，物质倒是价值的亚种。当你把容纳的关系掉转，用价值来定义物质，这个谜团就解开了：物质是一种"无机价值的稳定模式"，问题随之消失。物质的世界和价值的世界合二为一了。

▶信
1993年5月17日

我认为良质是推动为生存而斗争的燃料。

▶信
1995年8月31日

良质是至关重要的经验。它先于心智和形而上学,因此不能隶属于任何形而上学分类体系……

显然,这是一种进化。

» 在原子的本质中,还没有发现任何能说明为什么会发生这种进化的东西。

» 在原子之外,还没有科学地观察到任何有目标性目的论机制来说明这种进化为什么会发生。

显然,这个世界上存在价值。

» 虽然在科学所描述的客观宇宙中没有价值,但如果没有对"是什么"的价值判断,就不可能有科学发现。

» 尽管在科学所描述的客观宇宙中没有价值的存在，但如果没有什么重要什么不重要的价值判断，就不可能有任何科学发现。如果能证明"有意义"是心智价值的同义词，那么由此可以推断，不包括心智价值判断的科学程序是没有意义的。

既然价值和进化不能从对现实世界的描述中被消除，既然它们不能被原子属性解析，那么你手上就有了一个真正的谜。这个谜的一种解决方法是将原子属性解析为价值和进化，也就是说，价值和进化必须是包含原子的更大的现实。这是良质形而上学的一个基本结论。

▶《莱拉：一场对道德的探究》
1991年

为什么一团简单稳定的碳、氢、氧、氮化合物要奋斗几十亿年把自己组装成一个化学教授？驱动力是什么？……

自然选择就是跃动良质在运作……

全部生命就是良质的静固模式向跃动良质的迁徙……

从人的行为受控于良质的静固模式这一层面看，人没有选择。但是，从人遵从跃动良质（这无法定义）这一层面看，他的行为是自由的……

不仅仅生命，一切事物都是一种伦理活动，不是别的。当实在的无机模式创造出生命来，"良质形而上学"认为，它这样做，是因为这样"更好"，而且，对这个"更好"的定义——由此呼应于跃动良质——就是伦理的一个基本单位，是非对错都可以建立在它的基础之上。

▶信
1997年3月29日

宇宙正从低质量的状态（只有量子力，没有原子，大爆炸前）向更高质量的状态（鸟类、树木、社会和思想）进化，而从静固模式的角度上看（世间万物的每日常态），这两者是不一样的。

▶《莱拉：一场对道德的探究》
1991年

当坐在炉子上的人第一次发现他处于低良质处境时，他的经验的前锋是跃动的。他并非先思考"这炉子很烫"，然后做出理性的选择离开炉子，而是"对他未明了之物的隐约感知"使他一"跃"而"动"。然后，他才生成静固的思想模式来解释他的处境。

▶信
1995年8月9日

虽然在文化上假定主体—客体的相互作用产生了价值,但如果人们说,是价值导致了观察的产生,那么就有可能产生一种更全面的形而上学。价值先于观察并创造了观察,而观察又反过来创造了被观察的事物。因此,价值不是电子的一种属性。电子是一种价值模式。

▶《莱拉:一场对道德的探究》
1991年

在主客体形而上学中,道德和艺术是两个分离的世界。道德与主体的良质有关,而艺术与客体的良质有关。但是在"良质形而上学"中,这种分裂就不存在了。它们是一样的。

▶讲座
圣地亚哥州立大学人本主义心理学会议协会主办
1992年7月

每个人生活的目的不仅仅是自我满足,而是有一个更大的道德目标，但这并不意味着某种狭隘的维多利亚时代般的社会约束。一个人应该为世界的良质做出贡献。

▶信
1994年9月11日

良质可以被看作等同于上帝，但我并不喜欢这样做。"上帝"，对大多数人来说，是一套静固的心智和社会模式。只有真正的宗教神秘主义者，才能正确地将上帝和跃动良质看作是等同的。在西方，尤其是在大学，这样的人十分少见。

按照良质形而上学的说法，那些到处说着"上帝想要这样""上帝会应答你的祷告"的人，都是在进行一种有些邪恶的行为。这是一种以低级的进化形式和心智模式，涵盖一个更高级形式和模式的做法……

对我来说，"幸福"是一个比"良质"狭义得多的术语。我认为幸福是一种生物对良质的反应。良质是外在的（客观的），而幸福是内在的（主观的）。因此，幸福隶属于主体—客体的形而上关系，并受其限制。我了解的所有哲学伦理体系都是这样的，所有的一切都包含在一个主体—客体的牢笼里。在讨论良质形而上学时，最大的困难是让那些习惯了主体—客体思维的人尽量不要把他们的解释和阐述放进这个牢笼里。

▶信
1995年12月24日

我过去常给学生们这样的建议:"首先你要'看看'什么东西有良质,然后再找出原因。不要把这个过程颠倒过来,不然的话你会被弄糊涂的。"……

在西方,自亚里士多德以来,人们对核心现实的理解要么是"上帝的心灵",要么就是"物质"。在东方,印度教认为,现实的核心是"合一"。佛教将其理解为"虚无"。说法有很大的不同,但细想想指的都是同一件事。从这个层面上理解,一切术语都失去了意义。"合一"是通往理解之山的一条智慧之路。而"虚无"是另一条路。"良质"是第三条路。当一个以科学为导向的大脑听到"良质"这个词时,大脑会给出反应,说:"这就是现实。"当大脑听到"合一"和"虚无"时,它会说:"这些都是空洞的、无意义的且形而上学的空话,就像别人总说'上帝的意志'一样。对此,我们总是以经验主义而对其予以拒绝了。从科学角度上讲,这些词没有任何意义。"

"良质"一词优于"合一"和"虚无",因为科学家不可能将其当作形而上学的、宗教的哗众取宠来予以拒绝。他们尝试了,但他们无法逃脱说这个世界上没有价值的惩罚。

▶信
1992年12月24日

《莱拉》这本书中所说的"良质"一词起源于莎拉·温克,讲授"良质"这个课题也是她在蒙大拿州的波兹曼最先提出来的(见《禅与摩托车维修艺术》)。"价值"是更为常用的哲学术语。

▶信
2004年11月11日

据我所知,"良质"仍然是最好的专业术语,但"意义"是我经常思考的一个术语。在心智层面上,它是"良质"的绝佳同义词,我认为它代表了从跃动良质向心智模式过渡的第一阶段。人们对新经验的第一感受就是有意义,因为有了这种感觉,人们才会试图去"了解"它——因此,这也包含在现有的心智或数学模式中。然而,在较低的层面上,特别是在无机界,"意义"一词就没什么用了。如果要说氢与氧结合是有意义的,倒也不假,但有些尴尬。在生物学层面,人们并不是因为有意义才觉得重要,而是因为它在生物学上有价值——也就是说,因为它看上去更好。

▶信
1995年12月24日

第一,良质形而上学之所以有价值,是因为它提供了一个核心的关键术语,令西方科学架构的思想无法忽视。选择良质作为关键语的第二个原因是,它解决了C. P. 斯诺的"两个世界"问题,即科学与艺术之间的划分。第三,它解决了精神—物质之间的矛盾。第四,它解决了科学与宗教之间的纷争。原子是良质的静固模式,这意味着原子可被视为上帝的静固模式,且不会失去任何经验主义的客观性。第五,它解决了美学问题(见《禅与摩托车维修艺术》)。第六,它解决了道德问题(见《莱拉》)。此外,良质形而上学还解决了许多其他问题。但在我看来,以上这些哪怕只有一条,也足以证明它是一个十分重要的哲学体系。它同时解决了以上所有问题,因此具有无与伦比的重要性。

▶信
1998年10月30日

现实不在头脑中,也不在外部世界。它存在于创造这两者的价值观中。

▶信
1994年9月11日

所有的物体,无论其是否在移动,都是价值的物理模式,因此也是良质的静固模式。静固和跃动都不是物体的属性。物体是静固良质的属性。

跃动良质是独立于所有物体而存在的。它不属于任何一种模式——不是物理性的,不是生物的,不是社会的,甚至(对你来说最重要的是)不是心智上的……

跃动良质是处于所有模式之外的,这些模式中也包括哲学规则。跃动良质是直接被感知的，不需要心智作为中介而参与进来……

纯粹跃动良质可以直接被感知，且无须任何心智中介，这与佛教所说的"觉醒"或"开悟"所想要达到的目标是一样的。

为了更清楚地了解这一点，我建议你读一读奥根·赫立格尔的《禅与射箭艺术》。我的《禅与摩托车维修艺术》这本书的书名就是模仿了它。总之，如果你用禅师嘴里所谓"它"来代替跃动良质，你会学到很多跟跃动良质有关的东西。

▶信
1998年2月

每当你第一次发现某样东西比另一种东西好，这就是跃动良质之所在。它没有固定的静固位置。

PART 4
Dharma

第四部分
达摩法

"吾儿！如蜂之酿蜜，采集遥远花树之菁华，化此菁华为一液。"

"如菁华间无由分别盖或曰，'我，此树之菁华也。''我，彼树之菁华也。'吾儿，世间一切众生，当其臻至于真者（熟睡或死亡时），不自知其臻至于真者，亦复如是。"

"世间彼等动物，或狮，或狼，或猪，或虫，或蜢，或蚋，或蚊，皆一一复为其所是者。"

"是彼为至精微者，此宇宙万有以彼为自性也。彼为'真'，彼为'自我'，施伟多凯也徒，彼为尔矣。"

——摘自《唱赞奥义书》一书中"精微"一章，
收录于林语堂的《中国印度之智慧》(1942 年)

▶讲座后的问答环节
明尼阿波利斯艺术与设计学院
1974年

所谓"良质",我认为……跟"达摩"这个词类似,这是个佛教用语……对此我认为可以追溯到印度教和佛教的古老哲学思想上,这与"达摩"的意思非常接近,只是用"良质"一词来代替了……

终极的良质,即斐德洛最终看到的良质(见《禅与摩托车维修艺术》),是一种无法通过理性方式理解的品质。找不到证据,也无法证明。四千年前的《奥义书》中给出的终极证明是"知道这一点的人就不会再怀疑"。良质就在那里,要使它接受理性的证明,就要把证明置于比"良质"本身更高的地位。有人认为,这就是苏格拉底的做法。他们对高尔吉亚说:"现在谈谈善好了。请告诉我们何为善。请用理性的语言阐释说明,好让我们得到逻辑性的证明。"而在这样的过程中,他们提升了辩证法和证明方法的地位,把"良质"置于从属地位,或者说把"善"置于从属地位,这两个词是同等的,或者也可以叫"达摩",于是我们一下子就有了一个由理性支配善的世界,而不是由善支配理性的世界。我想这就是我要表达的意思。

因此最后(见《禅与摩托车维修艺术》),也许是整个关于良质的论述中最重要的一句话,斐德洛完了。他完全被毁掉。而在那一刻,当他的自我消失了,当他所有的理性论证都被摧毁了,当什么都不剩了,没有了人格,什么都没有了,那么,在那一刻,他一直以来从未理解的良质终于显现出来了,并且超越了理性。

在印度教的传统中,有许多方法以达到极乐境界——而一旦你给它起了一个名字,或者某个叫法,就不再是在极乐境界,而这个极乐早已超越了"极乐"这个词。其中一个方法就是冥想,这也是我们在禅宗中所练习的。当然,禅宗是古老的禅定瑜伽的延续,也就是一个人只是静静地坐着,让自己的思想被自身的负担带走。其他的还有哈他瑜伽,我坚持认为这是一种体育锻炼;此外还有虔诚的敬信瑜伽、修炼心智的若那瑜伽[1];等等。所有这些都是达到这个极乐境界的方法,在书中被称为"良质"。但每种方法,都是指向月亮的手指,而不是月亮本身。因为你要知道,只有挪开手指,月亮才能清晰地显露出来。

关于"良质"的阐释和说明,我可以讲很多,但终极的

---

1 若那瑜伽,也可以音译为杰恩瑜伽,亦称智识瑜伽、知识瑜伽。它的特点是强调修炼者的悟性,要求人们全面地观察和理解世界,所以这种瑜伽也被称为一种哲学瑜伽。

"良质",即至纯之物——或如佛教所说的纯粹空无——难以用语言来描述。

▶《禅与摩托车维修艺术：一场对价值的探寻》
1974年

在你意识到纯粹良质的那一刹那，甚至无所谓意识的时候，也就是在纯粹良质发生的那一刹那，既无所谓主观，也无所谓客观。先有了纯粹的良质，接着才会意识到主体、客体。所以在良质发生的那一刹那，主客体原是一体的。这正是《奥义书》[1]中 "tat tvam asi（彼即汝）" 的奥义所在。

▶《莱拉的孩子》（补充材料）
2002年

"什么是跃动良质？"这个问题的最佳答案来自古老的《吠陀经》中的一句话——"非此，非彼。"

---

1 *Upanishads*，印度古代哲学典籍。

▶采访
奥斯陆大学
1994年

印度有一个故事，小鱼问鱼妈妈："我到处都去过，就是找不到那个叫水的东西。"良质就是支撑我们所有人的水。它是主体和客体、精神和物质的源泉，它是一切。你可能会问："既然水就是一切，我们为什么还要了解水呢？"我说你应该了解它，因为那是你学习的方式，它是你作为人类进化的一部分。如果不了解"良质"的"一切状态"，你将只看到现实的一部分，并将被困在渺小的生活中。你很可能具有技术和知识，但没有整体的理解。我们要的是超越知识和逻辑，来充分领悟万事万物的良质。当你发现它时，它会在你生命中的每分每秒指引着你……

西方哲学中的"良质"一词，和佛教哲学中的"达摩"一词是有联系的。"达摩"有两种：一种是成文的达摩，与人生中的静固模式相对应，与理性法则、十诫等十分相似，我将其称为静固良质；另一种是非成文的达摩，它超越了书面的意思，被称为跃动良质。跃动良质是纯粹的现实，产生于理智化发生之前；静固良质衍生于跃动良质……

你可能会把成文的达摩看作一块敲门砖。门开了，你就把砖扔了，从此就开始遵循非成文的达摩了。这是寺院里禅僧一直以来努力在做的事情，即发现跃动良质。我曾经在一位日本禅宗大师门下修习，大师有着非凡的经历，时刻警醒自持，谨守非成文的达摩——没有既定规则和准则。他是位禅宗勇士，敌若攻，他便退；敌若退，他便攻，进退有度，灵活变通，安然于世。

▶演讲
明尼阿波利斯艺术与设计学院
1974年

对"良质"不做任何解释——这是《禅与摩托车维修艺术》的核心，其好处就是我们永远不会给它下定义。这有时会把人逼疯。我和他们聊了好几个小时关于良质的问题，但从来不说它是什么，而他们总是希望我能清楚地说明它是什么。只要你始终不给良质下定义，那么它就会成为一种改变的工具，可以使你成长，因为你在发现良质的过程中，良质会随着你的成长而改变。

在过去的四年里，这本书在我看来是有良质的，但我可以告诉你，现在我已经有点厌倦了。因为对我来说这些都已经过去了，现在的我正在关注其他的事情……

这就是我真正想要的。书里提出的知识结构是一个框架,在这个框架中,人们可以自由成长和改变,而不会为你昨天的一套想法所困。我认为这是非常非常重要的。当你把你的整个知识结构的中心术语提取出来,你的思想会豁然开朗,并且每时每刻都在变化,每个人的反应都不一样,之后你就有了一个跃动的哲学概念,而不是永远被某个思想限制住自己,强迫你悖逆这样或那样的想法。

▶信
1994年12月4日

纵观日常现实世界,跃动良质就像一种未定义的香水,附着在世间万物上,而物体只是这种香水的片刻图案。在佛法世界里,跃动良质就是dharma——达摩,是唯一的秩序。

▶《莱拉:一场对道德的探究》
1991年

dharma和ṛta一样,意味着"聚系"。它是一切秩序的根基。它等价于正义,是伦理规范,是使人获得圆满的稳定条件。

dharma是责任。它不是由别人主观强加的外部责任，也不是可以被立法修改或废止的一套人为规约，但它同样不是由自我的良知主观决定的内部责任。dharma超越所有这些内部和外部的问题。dharma就是良质本身，是光明的中心。它不但给予所有生命的演化以结构和目的，也给予衍化着的认识——对生命创造的大千世界的理解——以结构和目的。

在印度教传统中，dharma是相对的，依赖于社会条件。它总是具有社会层面的含义，是维系社会的纽带。这与这个词古老的原义是吻合的。但是在现代的佛教思想中，dharma变成了现象世界——感知、思考和认识的对象。比如，一把椅子，不是由物质的原子组成的，而是由dharma组成的。

对于传统的主客体形而上学来说，这样的说法实属胡说八道。一把椅子怎么能由一个个微小的道德秩序组成？但是如果一个人运用"良质形而上学"，就能看到一把椅子就是一种无机的静固模式，而所有静固模式都由价值组成，并且看到价值就是道德的同义词，那么就豁然开朗了。

▶《禅与摩托车维修艺术：一场对价值的探寻》
1974年

为什么会产生"对自我的责任感"？关于它的描述斐德洛也很感兴趣，它几乎是对梵文词语dharma的精确翻译，这个词有时被描述为印度教中的"一"。那么，印度教的"一"与古希腊的"美德"是否就是同一体呢？

▶信
1996年7月30日

跃动良质被称为不成文的达摩。在开悟之前，一个人应该遵循成文的法——也就是由开悟者在过去所制定的静固道德模式——并将其作为道德指导。跃动良质只有在开悟之后才能完全被信任。

▶信
1992年11月25日

到目前为止 (读者们似乎) 对"良质"和"达摩"这两个词

的同义性保持沉默，实际上这两个词来自同一个古老的词根"ta"，意思是"万物的宇宙秩序"。达摩是万物之源，这一点对于佛教徒来说理解起来毫无难度。但我认为，大概还得需要一到两个世纪的时间，才能让西方人相信良质是……同时我认为达摩与良质是等同的这一思想可以给东方人打开一个闸门，让他们理解国家"价值"的含义……关于亚洲人所称的达摩，还有很多值得我们学习。

▶信
1994年2月5日

每个人都有个人的达摩，可以被定义为"对良质的责任"。

▶OUI的访谈
1975年11月

对良质的追求是一种自然而然的驱动。人人都想把事情做得更好。人人都想拥有更好的事物。没人想日子过得越来越糟……

我无法把良质放入一个清晰而确切的知识框架中，就像禅僧们无法把他们所说的达摩解释得确切而清晰一样。无论你选择什么样的框架，它总是比达摩本身要小得多，无论你给良质下什么定义，也总是无法涵盖良质本身。

▶信
1992年2月23日

跃动良质并非看不见、摸不着的。跃动良质是一种全方位的感官体验，但视觉和触觉之间并没有明显的区分。

▶《莱拉：一场对道德的探究》
1991年

有一首著名的禅宗诗是这样写的：

> 活着，像一个死人。
> 像一个完全死去的人，
> 然后为所欲为。
> 一切得顺遂。

这听起来像是好莱坞恐怖电影里的东西，但它说的是涅槃。"良质形而上学"这样翻译它：

保持着生物和社会模式，
杀死所有心智模式。
完全地杀死它们，
然后顺从跃动良质，
道德得以实现。

▶信
1992年4月24日

良质和属灵是同义词，因此良质形而上学实际上是属灵的形而上学。因此就有了跃动属灵，它是无法定义的；同理，还有静固属灵，是由心智属灵（神学）、社会属灵（教会）和生物属灵（仪式）组成的。

▶信
1997年4月28日

当解释良质这个概念变得困难时，这可能意味着你正在使跃动良质屈从于静固辩证推理的规则。也就是说，你正在接受辩证法家的理念，即如果一件事不能辩证地处理，那这件事就不是真实的,并力图使良质符合这种现实。但是,要了解什么是真正的良质,需要的不是对辩证理论的加法,而是对辩证理论的减法,只有这样才能看到始终存在着的良质。这就是禅修的目的——将知识和理念减去。

▶《禅与摩托车维修艺术:一场对价值的探寻》
1974年

通常我们无法看到,除了是与非,还有第三种可能性,因为这不合乎思考的习惯。这第三种可能性能够拓展我们的视野,引领我们走向完全不同的方向。我找不到一个特定的形容词,所以想借用日文的"无"这个字。

"无"不是表示一无所有,"无"只是说没有等级,不是"一",不是"零",不是"是",也不是"非"。它表示在回答一个问题的时候,超越了"是"与"非"的等级,因而它所强调的就是不去问问题。

如果答案不适合这个问题,就是"无"的现象。有人问禅宗的修行者,狗是否具有佛性。他的回答就是"无"。意思就是,回答是或否都是不正确的,因为佛性超越了是或否的问题。

▶ **信**
1997年4月30日

良质形而上学与禅之间关系的基本公式是:"良质等于佛性。"所以,如果你想知道什么是良质,便可以通过学习佛性来找到答案。

▶ **信**
1992年12月9日

在道与不成文的达摩与良质之间,我看不出有什么区别,这种同一性可以被看作是一种罗塞塔石碑[1],用来把一些本来不可思议的东方典籍和文本翻译成科学性的语言。

▶ **信**
1992年1月25日

有一幅日本书法画挂在我家的墙上……上面写着:"在虚

---

1 罗塞塔石碑位于埃及尼罗河三角洲的罗塞塔港口,高1.14米,宽0.73米,制作于公元前196年,刻有古埃及国王托勒密五世登基的诏书。

无中蕴含伟大的作品。"这幅书法是我儿子克里斯已故的老师片桐大忍大师为他所作,表达了禅宗最深刻的理念。这种"虚无"也是我所说的跃动良质。

▶信
1997年2月12日

跃动良质不是任何对称或模式的结果,而是模式和对称的来源,是其所固有的。这是佛教在提到"涅槃"或"空无"时所理解的,佛曰:"在虚无中蕴含伟大的作品。"

▶信
2004年10月7日

良质是世间存在的一切,是跃动良质。良质还包括静固良质,两者差别显著,甚至有好与坏的差别。而这一切,据我所知,都符合标准的佛教教义……

将佛的世界定性为"空无"一直以来都是西方人困惑的根源,导致一些人认为佛教的涅槃是一种自杀形式。佛教所谓"空无"的含义是"无物"——也就是"无客观性"。由于它使用了无定义的术语"良质"否定了客观性,而没有显示出涅槃是一种空虚境界，因此清楚地说明了佛教的"空无"是什么。

▶信
1992年9月（具体日期未注明）

"良质是真的吗？"这个问题根本无须问起，因为答案显而易见。你不能没有它。但问题是，"为什么我们不能定义它？"……我们不能给出定义，是因为我们的定义标尺（主客观形而上学）还远远不足以满足条件。

据我所知，探究良质的最佳方法是卓越的东方技巧——坐禅，它通过强制性削减静固心智模式，而不是增加新的模式，来精准地定义了跃动良质。

▶信
1994年9月27日

所以唯一的问题是如何达到真正的良质，为此我推荐禅修。在你所在的地区找一个禅宗小组，然后加入其中。在这之后，如果你发现了真正的良质——你生命中真正的达摩……你就能够做正确的事。

▶信
1997年8月17日

人人都知道什么是良质。有些人知道自己知道，而也有一些人，尤其是学习修辞学的大一新生，则不知道自己知道。这与曹洞禅"人人皆能开悟"的佛教教义是一致的，所谓"开悟"是指未开悟的人幻觉消失的过程，但开悟是始终存在的。

▶信
1993年9月23日

跃动良质，就其纯粹的形式而言，相当于佛教的涅槃。

▶问答环节
明尼阿波利斯艺术与设计学院
1974年

重要的不是被心智控制，而是把它作为一种工具来使用。当我们作为禅宗佛教徒全都坐在位于圣保罗的贝弗利·怀特的房子里时,我们时常讨论一些禅公案,或者一些非常深奥的偈语——当然我们讨论的这些其实并不是真正的禅公案——大约半小时后,我们都会对这些禅公案的含义发表自己的观点和评论。其中有人提出了这样一个问题:"语言有什么用?"然后我们默默无言地坐了半个小时。到了回答的时间,几乎没有人开口,这也算是个极好的回答。不过只有我例外,作为一名作家和有学识之人,我有点儿身负责任的感觉。于是我解释说:"嗯,像'手'和'脚'这样的词虽然不是必要的,但很有用。"由此我认为,对良质的终极理解是无法用语言来描述的,但良质就存在于我们所使用的语言中。在《禅与摩托车维修艺术》一书中,我感受到一种非常强烈的要求,那就是我必须非常确定我是在以一种高质量的方式阐明这些事情,而不是以最丑陋的语言来谈论美,并因此落入哲学家的陷阱。

  我认为西方的传统是试图用一张由语言织成的网来捕捉

生活。我认为人可以意识到，语言之网是生活的一部分。危险不在于使用语言，而是抓着语言不放，在于执着于语言中所包含的意思，然后说："啊，我说出了一个伟大的真理。"

铃木俊隆在他所著的《禅者的初心》里说过一句很精彩的话——我认为这是一部绝佳的作品——他曾说过："等我讲完这堂课，你们应该忘记我说过的每一个字。"[1]你会想："咦，如果这样的话，那我们坐在这里是干什么呢？"但这是他可能做出的最深刻的表述之一。他在使用语言，但他不希望你执着于语言。他只是希望你吸收这些语言，使它们成为你的一部分，并继承佛法，而语言可能是实现这一目的的有用工具。

所以在《禅与摩托车维修艺术》中，哲学领域里正在进行的哲学思想、哲理分析，以及狡黠的恶作剧——都是工具。但至关重要的一点是，尽管斐德洛终其一生都在致力于研究这一巨大且深奥的课题，但最终未能理解什么是良质。

1　《禅者的初心》铃木俊隆著（1970年）："没有必要记住我说的话。"

PART 5
Attitude

第五部分
态度

一切众生常安乐，

愿彼恒于一切处，

不鄙视亦不欺瞒，

假使愤怒怨恨时，

心亦不念彼得苦。

犹如母亲以生命，

护卫自己独生子，

愿能如此于众生，

施放无限慈爱心。

慈爱遍及全世界，

上下地平四维处，

遍满十方无障碍，

无有仇恨或敌意。

无论行住或坐卧，

若是心中觉醒时，

应常培育此正念，

此乃最高之德行。

——摘自《慈爱经：佛陀关于仁爱的话语》
由巴利文翻译而来
译者为阿玛拉瓦蒂僧伽
2004 年

▶《禅与摩托车维修艺术:一场对价值的探寻》
1974年

我们现在沿着曼扎尼塔的海岸前进,路旁的灌木丛叶子好像涂了蜡,这时我又想起克里斯说"我就知道"时的表情。

倾斜车身,压低重心,角度一会儿大,一会儿小,我们的摩托车在一个个弯道上轻松地摇摆着。路的两旁到处是野花,还有令人讶异的景色。一个接一个的大转弯不断出现,整个世界好像在不断滚动、旋转,起起伏伏。

他说:"我就知道。"这句话又出现在我的脑海里,好像鱼钩上有东西上钩了,想引起我的注意。这件事已经埋藏在他心里很久,有好多年了。现在想起来,他所制造的那些问题都可以谅解。他说:"我就知道。"

很久以前他就一定听说过什么,那时候他还小,不能理解这一切,所以全都弄混了。这就是斐德洛多年以前经常说的,也就是我经常说的,而克里斯一定相信了,然后一直埋在心里。

往往连我们自己都无法完全了解彼此之间的关系。他就是我要出院的真正理由,因为让他独自长大是不对的,而且在梦里也是他总想把门打开。

我根本没有把他带到哪里,是他在带我。

他说:"我就知道。"这句话轻拉着鱼线,告诉我严重的问题可能并不像我以为的那样严重。因为答案就在眼前。看在老天的分上,卸下他的重担吧!让他重新做人!

我们嗅到清新的空气,还有野花和灌木丛散发出来的香气。离开海岸边,寒意就消失了。我们觉得热了起来,夹克和衣服里的湿气都蒸发掉了。原来潮湿而沉重的手套也变轻了。我好像被海洋的湿气冻得太久,因而忘了温暖是什么滋味。我觉得有些睡意。前面的一条小溪旁有一个休息区,里面有张野餐桌。骑到那里的时候,我关掉发动机停了下来。

我告诉克里斯:"我困了,要睡一会儿。"

他说:"我也睡。"

于是我们睡了一会儿,醒来的时候觉得身心舒畅,许久都没有这种感觉了。我拿起我们的夹克,把它们塞在车上绑东西的绳子里。

天气太热,在这种天气里是不需要戴头盔的。我把头盔拿下来,绑在绳子上。

克里斯说:"把我的也放在那儿。"

"你要戴它才安全。"

"你也没戴啊。"

"好吧。"于是我把他的头盔也收了起来。

道路在林间蜿蜒向前，一个弯接一个弯地爬向高处，也带来一个又一个新的景观。最后，树丛不见了，眼前一片开阔，我们看到前面出现一座峡谷。

我大声朝克里斯喊："好美啊！"

"你不需要吼！"他说。

"噢。"我笑了起来。拿掉头盔之后，你就可以恢复平常谈话的音量。这么多天之后，终于可以把头盔拿掉了！

我说："不过真的很美。"

我们又经过了很多树林、灌木丛。天气越来越暖和。克里斯抓着我的肩膀，我微微转身，看见他站在踏板上。

我说："这样有点危险。"

"不危险，我自己会注意。"

他可能会注意，但我还是说："总归要小心点。"

过了一会儿，我们在树下来了一个大转弯，"噢！"他说，然后又叫，"啊！"然后又是，"哇！"路旁的树枝非常低矮，如果不小心，随时会打到他的头。

我问他："怎么了？"

"太不一样了。"

"什么？"

"一切。我以前都不能越过你的肩往前看。"

阳光把树枝的影子投射到地面,形成奇怪而美丽的图案。它们倏地在我眼前忽明忽暗地闪过。然后我们又来了一个大转弯,进入阳光直射的开阔地带。

没错,我从没意识到这一点。这些日子以来,他一直只能盯着我的背。我问他:"你看到了什么?"

"全都不一样。"我们又来到了一座小树林里。他说:"难道你不怕吗?"

"不怕,你会习惯的。"

过了一会儿他说:"等我长大,我可以拥有一辆摩托车吗?"

"如果你会照顾它的话。"

"那要怎样照顾呢?"

"要做许多事情。你看我一直做的就是。"

"你会全部教我吗?"

"当然。"

"很难吗?"

"如果你有正确的态度就不难。事实上难的是要有正确的态度。"

"噢。"过了一会儿,他又坐下来,然后说:"爸爸?"

"什么事?"

"我会有正确的态度吗?"

"我想会吧,"我说,"我想不会有任何问题。"

▶信
1993年5月8日

在对事物的主客体解释中,良质是客观的,爱是主观的。你爱的东西,你说它有良质。你说某事物有良质,表明你爱它。在良质形而上学中,这两者并不是相互分割开的,两者是同一回事。你可以称良质形而上学为"爱的形而上学",这完全是一样的。E.M.福斯特认为这一点完全没有问题,因为良质和神以及爱被认为是一切事物的来源。如果你告诉科学家,氢和氧是因为相爱而结合的,你很有可能会跟他们发生矛盾;但如果你说氢和氧的结合很有价值,那科学家就容易接受得多了。

▶《禅与摩托车维修艺术:一场对价值的探寻》
1974年

截至目前,这次肖陶扩[1]中似乎有一层薄薄的迷雾尚未被

1　Chautauqua又译"肖托夸",十九世纪末期与二十世纪早期美国流行的成人教育运动,起自纽约的肖陶扩一地,以集会为教育形式,包括娱乐、演戏、音乐、讨论、报告等。

驱散。第一天我曾经谈到关心,然后我发现,如果大家不了解它的另外一面——良质是什么,那么我所说的关心就没有任何意义了。我想,现在重要的就是把关心和良质联结起来,指出关心和良质其实是一体的两面。如果一个人在工作的时候能够看到良质,而且能感觉到它的存在,那么他就是一个关心工作的人。如果一个人关心自己所看到的和手中所做的,那么他一定有某些良质的特性。

所以,如果科技的根本问题在于,科技专家和反科技的人缺乏关心之情;而且,如果关心和良质是一体的两面,那么我们就可以推论出,今天在科技上出现的根本问题,就在于科技专家和反科技的人都缺乏在科技中洞察良质的能力。斐德洛狂热地研究良质这个词在理性、分析以及科技方面的解释,其实就是要给科技的根本问题找出答案,至少在我看来是这样的。

所以我深入一步,把注意力转向古典和浪漫的对立。我认为其中隐含了整个人性与科技之间的问题,而这个问题又需要深入地研究良质的意义。

想要从古典角度了解良质的意义,就需要了解形而上学以及它与日常生活的关系。要做到这一点又需要进入与二者都有关系的广大领域——形式推理。于是我从形式推理进入形而上学,然后进入良质,然后再从良质回到形而上学和科学。

现在我们将由科学进入科技之中,而我完全相信,最终我们将实现出发时的目标。

但是，我们先来研究一些影响深远的观念。良质就是佛陀。良质就是科学的现实。良质就是艺术的目标。这些观念仍然需要融入日常生活当中来认识。而最实用又与日常息息相关的方法莫过于我一直提到的——修理摩托车。

▶信
1993年3月6日

当一样事物具有良质时，你会爱它；但如果没有良质，你就不会爱。爱有很多种：生物性的、社会性的、理智上的和跃动性的。

▶《禅与摩托车维修艺术：一场对价值的探寻》
1974年

技术人员的好坏，就像数学家的好坏一样，取决于他在良质的基础上选择好与坏的能力。他必须懂得关心。传统的科学方法对此一无所知。很长时间以来，这种基于良质的预选择能力被全然忽视了，他们"观察"后得到越来越多的事实。现在，我们该重视这种对事实的预选择能力了。

我想人们会发现,在科学研究的过程当中,接受良质的地位并不会破坏科学的实证色彩,反而能扩展它的领域,强化它的能力,使它更接近实际的科学经验。

▶信
1992年11月20日

"爱"这个词有时指的是一种生物情感,有时指的是主体与客体之间壁垒的消解。在第二种情况下,爱几乎与良质的概念是相同的。

▶《禅与摩托车维修艺术:一场对价值的探寻》
1974年

佛教的禅宗提倡打坐,就是要使人物我两忘。而在我所提到的摩托车维修问题上,你只要专注地修理车子,就不会出现物我对立的情况。当一个人没有与所做的工作疏离的感觉,就可以说是在关心自己的工作,这就是关心的真正意义——对自己手中的工作产生认同感。当一个人产生这种认同感的时候,他就会看到关心的另外一面——良质……

禅修也和枯燥有关，因为它最主要的活动——打坐——就是世界上最乏味的活动，只有印度教中被埋到土里的修行能与之相比。打坐的时候，你所能做的不多，既不能动，也不能思想，也不去关心外界事物，还有什么比这个更枯燥呢？然而打坐的核心却是禅学最重要的理念，它是什么呢？在枯燥的中心，你看不到的是什么呢？

▶采访
奥斯陆大学
1994年

"爱"这个词是一个主观词语，是存在于我们内心的东西。而"良质"则主要是与我们自身之外的事物联系在一起的。事物有良质，而我们有爱。良质形而上学超越了主客体二元论。我们爱的东西就有良质，而有良质的事物则被我们所爱。两者总是相辅相成的。如果你真要在科学上使用"爱"这个词，你可以说氢和氧结合在一起是因为它们彼此相爱！良质形而上学实际上也是爱的形而上学。

▶《禅与摩托车维修艺术：一场对价值的探寻》
1974年

  我很在乎我那双发霉的旧机车手套。我微笑着看它们被风吹拂，因为它们已经在那儿陪伴了我这么多年。它们已经破旧了，但我在它们身上发现了一种幽默感。整副手套都沾满了油渍、汗水、灰尘，而且还有地方发霉了。现在把它们放在桌上，即使天气不冷，它们也没有办法平平地躺着。它们似乎有属于自己的往事。虽然只值三块美金，而且已经补到无法再补，但是我仍然花了许多时间和精力去护理它们，因为我不能想象换一副新手套的感觉。这种想法似乎很不实际，但是手套并不仅仅需要实际，其他事情也是如此。

  我对这部摩托车也有同样的感情。已经骑了两万七千英里，尽管街上还有很多更老的摩托车在跑，但它也算是一部旧车了。可我相信大部分的骑手都会同意，一旦一辆车陪伴过你许多时光，那么对你来说它就是独一无二的，是别的车子无法取代的。有一位朋友和我骑同一个牌子、型号甚至同一年生产的车子，有一次他骑来让我修理，当我骑上它的时候，我很难相信这部车子竟然和我的是同一个牌子。你会发现车子已经拥有了属于它自己的声音和节奏,与我的完全不同——不是不如我的,而是不同。

我想你可以称之为个性,每一部摩托车都有它自己的个性,也可称之为你对这部车子所有直觉的总和。这种个性常会改变,多会变得更糟,但常常也会出人意料地变好,培养车子的这种个性正是维修保养的真正目的。新的车子就好像美丽的陌生人,按照它们所受的待遇,要么很快退化成别扭的人或是跛子,要么就变成健康、好脾气、长久的朋友,而我这部车虽然遭受过那些所谓师傅的毒手,但是似乎已经完全修复了,而且需要修理的次数越来越少。

▶信
1994年2月1日

在一种主观—客观形而上学中,"爱"与"良质"是分开的。爱是主观的,良质是客观的。在良质形而上学中,主客观形而上学的至上性被消解了,因此在对爱与良质概念理解的最高层次上,爱和良质是同一的。

▶信
1994年2月9日

良质形而上学也可以很容易地被称为"爱的形而上学"。如果你把"爱"这个词替换到任何你看到的"良质"这个词的地方,结果都是一样的。

▶信
1992年7月23日

我认为,"爱"通常被认为是主观的,而"良质"则被认为是客观的。任何你爱的东西都有良质。良质形而上学否定了这种主观—客观形而上学对良质的支配地位,因此也否定了其对爱的支配地位。爱不是主观的,这正是基督教神秘主义者所说的。

良质——爱既是无法定义的,又是可无限定义的。它不需要定义,但如果你想要定义的话,想要多少就可以有多少。

▶演讲
明尼阿波利斯明尼苏达禅修中心
1975年

1952年,我在印度待了一年半,在贝拿勒斯印度大学学习……当我到那儿的时候,天气非常热……我非常沮丧,大概花了一个月的时间才克服了文化冲击带来的焦虑和不适,我猜你们肯定会用"文化冲突"这个词。我知道这将是一次与众不同的经历,但不知为何,我期待当我遇到这种情况时,能发生更好或更多的事情。我去那里上课,我非常认真地听讲,但他们说的话我全都入不了脑子,一只耳朵进,一只耳朵出。印度哲学的语言不过是些无穷无尽且堆积如山的文字而已。它们都有意义,都有结构,但我无论如何也吸收不了……所以我只在那里待了很短的时间,结果我变得郁郁寡欢,情绪十分低落。我的体重开始下降,一度瘦到九十八磅。我甚至病得很严重,你也知道这是非常危险的,因为那里有非常致命的疾病。

所以我开始在城市里四处游荡，去了很多地方，变得有些迷失了。对此我感到非常愧疚。我本应该在学习的。我是凭着《退伍军人安置法案》的保障来到这儿的，我来这儿本是要学东西的，但我却整日在城市里游荡，现在回想起来，我觉得那是我能做的最棒的事情，因为我开始用一种完全不同的方式去学习。我没有尝试着客观地去改变事情，而是直接放弃了去改变……

我会在疲惫落寞的状态下走一整天，有时会坐很长时间，陷入沉思。我曾经日复一日地待在同一个地方……呆呆地凝视着河水，渐渐地在不知不觉中陷入了几近冥想的境界……仿佛一切都停止了。我感觉周围什么都没有，只有无尽的绝望，于是我只是呆呆地坐在那里，无神地凝望着。

人们似乎感觉到了这一点，他们对我很好。几乎每天都有人走过来对我说"嗨，我看你似乎在发呆"之类的话。他们会跟我聊天，邀请我去他们家做客，我变得非常喜欢这些人，跟他们打得火热。从他们那里我学到了很多关于印度的事情，这些东西都是在教科书上学不到的。

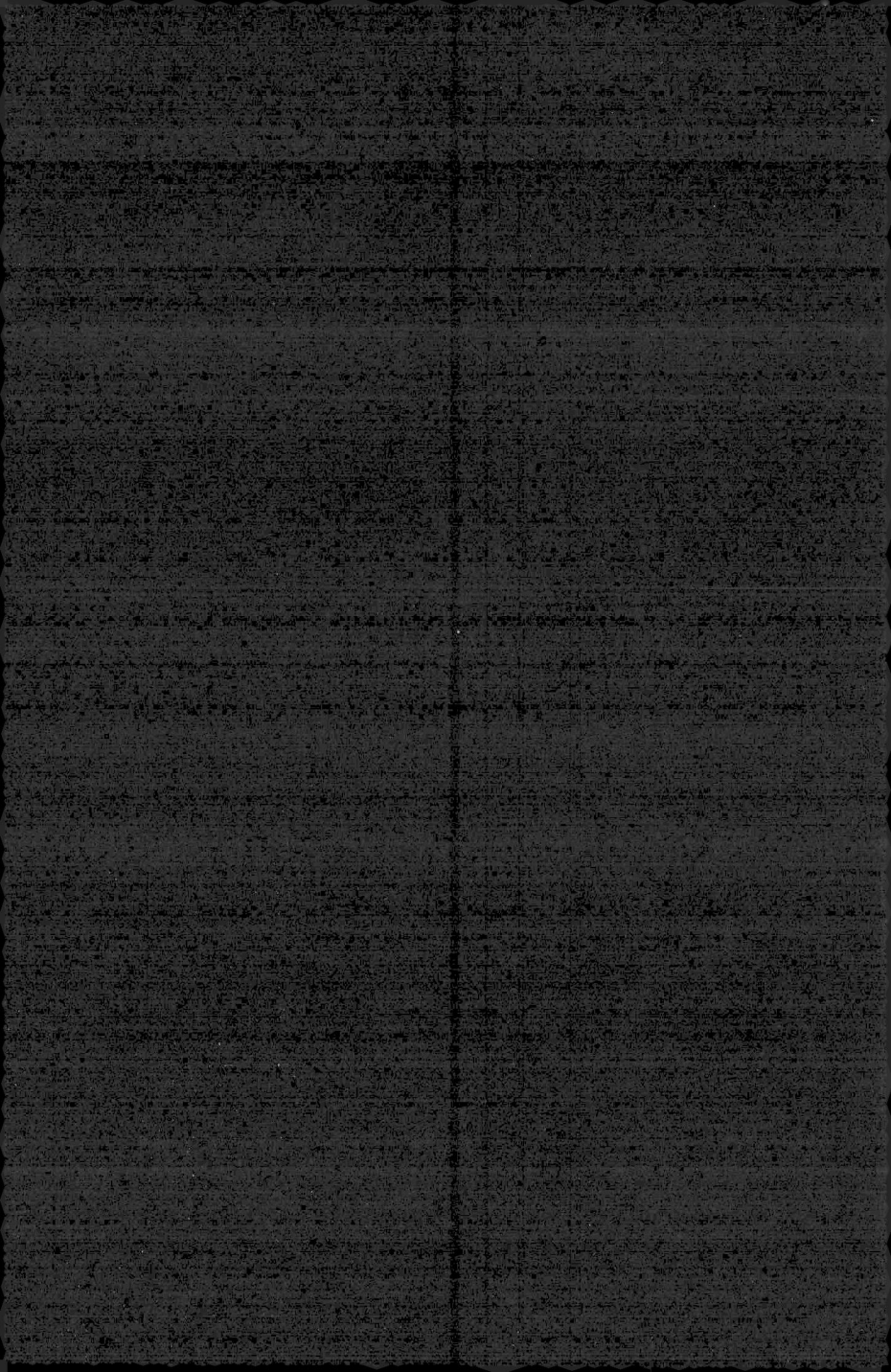